高等院校公共基础课特色教材系列

Love with Reliance

A Guide to College Romance

爱有所依

大学生恋爱教程

张 平 主编

涂翠平 王 培 潘 敏 刘 杨 编著

清華大学出版社

北 京

图书在版编目（CIP）数据

爱有所依：大学生恋爱教程/张平主编. —北京：清华大学出版社，2024.7
ISBN 978-7-302-60042-8

Ⅰ. ①爱…　Ⅱ. ①张…　Ⅲ. ①大学生－恋爱－情感教育－教材　Ⅳ. ①B844.2

中国版本图书馆 CIP 数据核字(2022)第 021642 号

责任编辑：王如月
封面设计：常雪影
责任校对：王凤芝
责任印制：丛怀宇

出版发行：清华大学出版社
网　　址：https://www.tup.com.cn，https://www.wqxuetang.com
地　　址：北京清华大学学研大厦 A 座　　邮　　编：100084
社 总 机：010-83470000　　邮　　购：010-62786544
投稿与读者服务：010-62776969，c-service@tup.tsinghua.edu.cn
质量反馈：010-62772015，zhiliang@tup.tsinghua.edu.cn
印 装 者：小森印刷霸州有限公司
经　　销：全国新华书店
开　　本：170mm×240mm　　印　　张：12.25　　字　　数：219 千字
版　　次：2024 年 9 月第 1 版　　印　　次：2024 年 9 月第 1 次印刷
定　　价：59.00 元

产品编号：090039-01

编委会名单

主　编：张　平

编　著：（按汉语拼音排序）

杜玉春　刘　杨　潘　敏　沈慧玲

涂翠平　王　培　张兰鸽

序　一

学会爱，让爱成为人生的一道靓丽风景线

大学时期是年轻人爱情之花绽放的时节，是年轻人奠定爱情观的关键阶段。爱情发生时，产生的能量相当于核爆炸，爱情是年轻人完善自己的最大动力。人们在爱情中学习爱自己、爱别人，学习成为什么样的男人、什么样的女人。爱的最高境界是积极追求被爱的人的发展和幸福，能够让对方感觉到自己的爱，能够激发对方的生命力，同时激发对方爱的能力。爱情是人类美好而灿烂的感情，也是大学生心理健康教育的重要组成部分。我认为，在高校心理健康教育中，爱情观教育是大学帮助年轻人扣好健康爱情的第一粒扣子，非常重要和宝贵！

美国发展心理学家埃里克森在人格发展阶段理论中提出成年早期（18～30岁）的主要矛盾是亲密与孤独的冲突，这一阶段的重要任务是建立亲密关系。大学生不论在生理上还是心理上都做好了步入恋爱这扇门的准备。当然，有人会早，有人会迟；有人犹疑，有人迷惑；同时，也有人会像一首歌中唱的那样“有爱就有痛”“爱有多销魂，就有多伤人”。爱情不仅有相遇的心动、热恋的甜蜜、同行的温暖、成长的幸福，还有冲突的愤怒、磨合的辛苦、失恋的难过、失控的无奈。爱是一门需要专门修习的功课。

张平老师基于多年积累的对大学生的心理健康教育丰富的经验，带领她的团队深耕了大学生情感领域经常遇到的十个成长课题：爱的吸引力、爱的进展、爱情三角理论、冲突与沟通、维护与培养、裂痕与修复、暴力与控制、分手、不同形式的爱、爱与性。这十个成长的课题都是爱情的重要话题，可为当代大学生情感领域答疑解惑。尤其在当下，伴随美好的爱情也出现了一些杂音，比如一

夜情、情外情、情感暴力等现象。书中的爱情理论或许能够帮助大学生正确理解爱情，顺利成长！

我十分欣喜地看到这样一本兼具理论性和实践性的图书出炉。这本书注重吸收国内外心理学最新理论研究成果，阐述大学生情感领域中的重要课题，使本书具有一定的专业性。对于本身具备一定思辨能力的大学生来说，可以通过阅读本书，提高在情感领域的心智化能力，并运用于实践。本书的每一章都融合了理论讲述、身边的故事、案例分享、练习、心理测试、资源推荐等多个模块，增加了互动性、体验性和拓展性，使得本书的实用性非常突出。

关于大学生心理健康教育的读本很多，专门描写大学生爱情的读本却很少，本书是一个有益的探索。本书可作为大学生心理自助读物，也可以作为心理健康、情感教育、亲密关系等心理学领域的教师用书。期待本书能够助力大学生的爱情和幸福。

李焰
清华大学学生心理发展指导中心主任
教育部高校心理健康教育专家指导委员会委员
中国心理卫生协会大学生心理咨询专业委员会主任委员
于清华园

序　二

在爱中成长

在千家万户沉浸在过年的喜悦中时，我坐在书桌前，心很静，特别想写些什么……

我是一名大学心理教师、心理咨询师，我热爱这份职业，并深深以这份职业为荣。在十几年的教学生涯中，我遇到了很多在情感方面存在各种各样困惑的学生，在咨询的来访个案中，三分之一的学生是因为情感问题来访，无非是我爱上了不那么爱我的人……人，总在寻求爱或亲密，得不到、没有被关注时，会难过、受伤。这些难过、受伤，或暂时，或持久。虽然随着时间流淌，难过、受伤的情绪会慢慢归于平淡，若干年后，在脑海中可能仅仅是一个印记，但当下呈现出来的他人无法想象、无法理解的痛苦以及深陷其中不能自拔的状态，让我无比心疼……

问世间情为何物？当我们扪心自问的时候，可能真的回答不上来。一百个人会有一百种说法，一万个人会有一万种声音。但我相信，好的情感是最美的，让人沉醉，促人成长。相爱简单，有些人是一见钟情，从遇见到白头；相爱很难，很多人经历分分合合，很多人因误解而错过，很多人走不进婚姻的殿堂，还有很多人从殿堂逃脱。爱，从来不是一个人的事，它是两个人相互配合、相互满足的结果。

我们会遇到谁、与谁成为爱人、与谁携手相伴终生，看似无章可循，其实与个人的成长经历、价值观等息息相关。爱情虽美好，让人向往，但经历过爱情的人，也想说，爱情中也会有风雨，需谨慎。

很多心理学家、情感专家、性教育学家对情感在理论层面和实践层面都有丰富的研究。能否出一本适合大学生阅读的有关情感的书，既能将高深的理论通俗易懂地介绍给学生，又能将现实中大学生情感中比较普遍的问题讲解清楚？最重要的是，让大学生在美好的大学生活中，享受美好的爱情，拥有稳定的恋爱关系，正确看待性别角色、性取向、性行为等，在关系中学会爱、共处、责任，和心爱的人共同成长。

正是在这样的想法的激发下，我与同事一起讨论框架、筛选案例、匹配理论，反复修改，精雕细琢，就是为了呈现更好的读本。

本书适合大学生及研究生，以及讲授心理健康、恋爱心理学、亲密关系心理学的教师阅读，还适合各个学校的相关心理机构参考。试读过的读者说，这本书特别贴近他们，通俗易懂，每章的小测试对他们认知自己、评估关系很有帮助。他们还说，这是一本充满情感的书，编者们饱含深情进行创作，仿佛父母、兄长嘱咐即将远离、踏上大学之旅的莘莘学子。有人说，这本书，跟得上时代，传递了与时俱进的人生观、价值观、世界观，摒弃陈旧观念，不再让观念伤害自己。还有人说，他们非常愿意将本书推荐给自己的同学和朋友，并一起分享书中的内容，一起成长。

这本书，不应该仅仅用来阅读，更应该激发思考。我们鼓励读者审视自己、审视自己的恋爱关系、审视恋爱关系的质量，让爱成为愉悦而非痛苦的体验。

爱，是一种情感、一种历程、一种与他人发生联结的关系……或酸或甜，或幸福或痛苦，或亲密或疏离，当然，还有很多其他状态。不管怎样，当爱来临时，好好把握；当爱离开时，允许自己难过，但不能深陷痛苦，更不必为此付出生命的代价。

当然，我们最期待的依然是，在生命历程中，您可以拥有一份甜蜜、令您满意的情感，并伴您长长久久。

张平
于北京邮电大学学生发展中心

目　录

第一章　爱的开始 …… 1
第一节　爱的开始：吸引力 …… 2
第二节　大学生恋爱吸引力的典型现象 …… 9
第三节　如何增强大学生的恋爱吸引力 …… 11
心理测试 …… 14
资源共享 …… 15
第二章　爱的进展 …… 16
第一节　爱情发展的五个阶段 …… 17
第二节　爱情进展中的影响因素 …… 20
心理测试 …… 28
资源共享 …… 29
第三章　爱的魔力三角 …… 31
第一节　爱情三角理论 …… 32
第二节　爱情的类型 …… 35
第三节　爱情三角理论研究进展 …… 40
心理测试 …… 41
资源共享 …… 44
第四章　爱的冲突与沟通 …… 47
第一节　解析亲密关系冲突 …… 48
第二节　大学生恋爱关系冲突 …… 49
第三节　亲密关系冲突应对策略 …… 52
第四节　亲密关系沟通过程 …… 56
第五节　亲密关系中的沟通信息 …… 57
第六节　亲密关系中的沟通模式 …… 60

心理测试 …… 63
资源共享 …… 66
第五章 爱的维护与培养 …… 68
第一节 保持爱的联结 …… 68
第二节 留出爱的空间 …… 73
第三节 培养爱的能力 …… 77
心理测试 …… 82
资源共享 …… 85
第六章 亲密关系中的裂痕与修复 …… 87
第一节 亲密关系裂痕的形成与发展 …… 88
第二节 亲密关系裂痕的发生原因 …… 91
第三节 如何减少和修复亲密关系裂痕 …… 98
心理测试 …… 103
资源共享 …… 105
第七章 亲密关系中的暴力 …… 106
第一节 亲密关系暴力概述 …… 107
第二节 亲密关系暴力的分类 …… 107
第三节 亲密关系暴力特点 …… 108
第四节 亲密关系暴力的发生原因 …… 110
第五节 如何避免和应对亲密关系暴力 …… 116
心理测试 …… 121
资源共享 …… 121
第八章 爱的终点 …… 123
第一节 分手为什么让人如此痛苦 …… 124
第二节 分手的原因与心态 …… 126
第三节 亲密关系结束的过程 …… 128
第四节 社交网络与大学生失恋 …… 129
第五节 当爱已成往事，你会怎么办 …… 131
心理测试 …… 142
资源共享 …… 144
第九章 不同形式的爱 …… 146
第一节 不同年龄的爱 …… 147
第二节 不同距离的爱 …… 151

第三节　多元取向的爱 …… 156
心理测试 …… 158
资源共享 …… 163
第十章　大学生的爱与性 …… 165
第一节　爱情与性欲 …… 166
第二节　性的两性差异 …… 170
第三节　安全的性行为 …… 173
心理测试 …… 178
资源共享 …… 178
参考文献 …… 180
后记 …… 184

第一章 爱的开始

人生如花，而爱便是花的蜜。

——莎士比亚

身边的故事：丘比特之箭

梦西是一名大二女生，家里有一个读高中的弟弟，因家庭经济困难而选择在学校的图书馆做勤工助学工作。梦西很喜欢这份工作，能极大地缓解她的经济压力，而且图书馆的老师们对勤工助学的学生特别好。梦西每周二和周四的晚上都在图书馆值班，在图书馆闭馆以后，她要和伙伴们打扫卫生，将桌子擦一遍并将所有的垃圾倒掉。

一个周四的晚上，图书馆按往常一样的时间闭馆，和伙伴们打扫完卫生以后梦西要将所有的垃圾集中放在一个大垃圾桶。“我来吧。”背后发出一个声音，梦西抬头看，发现是新来不久的同学王韬。她和王韬见过几次面，但还没有真正说过话，因此梦西对王韬说：“我自己就可以了，谢谢你呀。”但是王韬并没有离开，而是与她一起走向垃圾箱，并且还有一句没一句地和梦西聊着。

他们把垃圾倒完以后，继续边走边聊，到了图书馆里，一起整理书架，两个人也对彼此加深了了解。原来王韬跟她一样是家里的老大，王韬还有一个妹妹，也在读高中，他们还来自同一个地方，并且都选了同一门选修课。梦西对王韬印象很好，当他们一起走出图书馆的时候，王韬邀约梦西下次值班前一起去餐厅吃饭，梦西同意了，但心里还是很犹豫，毕竟两人刚刚认识。

回到宿舍，梦西将王韬约她一起吃饭的事情告诉了好朋友倩雅，倩雅说王韬喜欢梦西，所以约她一起吃饭。梦西开始不由自主地期待下次的见面。

周二的傍晚，梦西花了些时间搭配衣服，并且还挑选了最喜欢的发饰装扮了自己。两人如约来到学校的餐厅，王韬选了一个人比较少的位置，方便两人交谈。点餐后，两人都有些紧张，后面谈到大学生活、感兴趣的音乐、喜欢的科目，两人才逐渐放松下来，并且两人都谈到了后面的考研计划。

吃完饭，他们一起去图书馆值班，两人似乎没有结束话题的想法，走到图书馆门口，两人不得不分别去自己的工作岗位。过了几分钟，王韬发微信对梦西说：“今天真的非常开心，跟你聊得很尽兴，我……还有很多想跟你聊的，工作结束以后可以送你回宿舍吗？”梦西欣然地说：“可以啊，我今天也过得很高兴……”

想一想：

梦西和王韬因为什么相互吸引？

写一写：

将你认为影响恋爱吸引力的因素写下来。

____

____

____

人需要与他人建立关系，人与人之间有很多交往模式，其中最有深度、最有意义的一种就是亲密关系。婚姻是恋爱关系衍生出的一种典型的结果。对于大学生来说，除了特殊情况，大多数亲密关系基本上还不涉及婚姻的状态，都属于恋爱关系，而发展恋爱关系的基础是吸引力。

第一节　爱的开始：吸引力

亲密关系是如何开始的呢？又是什么推动了浪漫爱情的发展？从心理学的角度来说，关系的开始都是人与人之间的相互吸引，也就是接近某个人的渴望。当然，吸引和爱是不一样的，也并不一定会产生爱情，却开始了爱情的可能性。

（一）吸引力是一种奖赏

亲密关系建立的前提是双方或一方产生吸引力。吸引力的本质是带来奖赏和满足。美国心理学者克罗尔和伯恩（1974 年）认为人和人之间产生吸引力的基础是奖赏，即他人的出现对我们有奖赏意义。奖赏分为直接奖赏和间接奖赏。直接奖赏是指他人带给我们的愉悦感，比如，一个人长相英俊帅气，我们会感到赏心悦目；又如，一个人总是鼓励和夸赞我们，我们会感到被接纳，会非常高兴，这些都是直接奖赏。而有一些奖赏是比较间接和不易察觉的，比如有健康的基因遗传、能为后代提供生存优势。多数情况下，人们提供的直接奖赏越多，对我们的吸引力就越强。

吸引力会受到很多不易觉察的因素的影响，这些因素可能和人们外在的亲切、美丽的外貌和怡人的性格有间接的关联。比如，新认识的人和我们有很多共同点，他们看上去就会更讨人喜欢。如果你遇到一个和你名字相同的人，可能不自觉地就会增加对他的好感。

吸引力的基础是与他人互动产生的奖赏，但是这种吸引力的产生是多种多样的，我们很容易忽略这些影响我们选择的因素。

（二）临近产生吸引力

为什么一些人对我们有吸引力，以至于我们愿意与其长相厮守，而有些人却对我们没有吸引力，我们不太有兴趣和他进一步交往？也许很多人会简单地以为，因为这个人有吸引力，所以我才会被他吸引。但实际情况要更复杂一些。吸引力和有吸引力的人所具有的一些特征有关，但也取决于被吸引者的需要、喜好及彼此所处的情境，而且，吸引力可以有许多不同的方式，这取决于时间、地点和所涉及的人。

在众多影响吸引力的因素里，临近是非常重要的。多数情况下，爱情都来自与身边人的交往。校园恋情的产生就得益于这样的因素。临近决定了我们是否能够相遇，双方的条件越好，经济越富足，相对来说对区域的选择权就越大。一旦我们确定了居住、工作或者上学的准确地点，大体上也就决定了哪些范围内的人更可能会与我们建立亲密关系。现在有一部分人能通过网络先认识，产生网恋，但真诚的交往中不会有人想永远网恋，同样会想解决距离问题。

美国社会心理学家费斯廷格等人在麻省理工学院做过一个实验，将 270 名学生随机分配在一栋楼的不同房间，要求学生列举出 3 位亲密的伙伴，在同一栋建筑同一楼层里的住宿生列出的好友住在下面几个房间的比例是：隔壁 41％，隔一个房间 22％，隔两个房间 16％，隔三个房间 10％。隔三个房间的距离也才 20 米，即使很小的距离，对我们的人际关系也会有着很大的影响，亲密关系更是如此。

想一下和你关系亲密的伙伴，是不是大多是你的室友或者班级同学，大学生的恋爱对象更多的是同一班级或者同一学校的同学。我们也常常能看到这样的例子，同样的条件和好感度的话，本地恋通常会打败异地恋。为什么空间上的临近这么重要？这是因为如果对方在我们身边的话，我们更容易得到奖赏；如果其他条件相同，身边的人比遥远的人更有优势。距离越远，我们所付出的成本和努力（比如金钱、维持感情花费的时间等）就越多，奖赏价值就越低，而在文字和声音中表达的爱远不如近距离的肢体接触或者亲吻更让人感觉到爱意，因此异地恋就不如近距离的恋爱更让人感到满意，这也是异地恋容易分手的原因。

空间上的临近为两个人的相遇提供了彼此熟悉的机会。频繁的接触会增加我们对他人的喜欢程度。20 世纪 60 年代，心理学家扎荣茨提出了曝光效应的概念。曝光效应指的是刺激的简单暴露能够提高个体的态度体验，人们对他人或事物的态度随着接触次数的增加而变得更加积极。对此，研究者也做过相关实验，在大学学期刚开始的时候，研究者让女大学生分别在某些课堂上出现15次、10次、5次，这些女生只是坐在教室，不和其他任何学生交流。在学期期末的时候让这个课堂上真正的学生去看这些女生的照片，结果发现出现次数越多的女生，越被大家喜欢。因为临近常常导致熟悉，熟悉又会引起喜欢，所以与他人频繁的接触不仅能使交往更方便，而且会使你觉得对方看起来也更有吸引力。

但是临近也会有不利的作用，天天吃香蕉总会有厌烦的时候，因此频繁的接触也可能会令人厌烦，因临近而不断接触，可以提高吸引力，但过度接触则可能并不会产生吸引力。如果我们和某人相处愉快，临近会让我们更喜欢他们，但是如果与讨厌的人临近，并不会让我们更喜欢他们。

（三）外表产生吸引力

空间的临近把人们连接在一起之后，当我们看到一个人时，最先注意的是什么？当然是外表。虽然我们都知道人不可貌相，但外表也确实影响着我们，外表对人们第一印象的形成起着重要的作用，但是外表在男女交往的初始阶段起的作用更多，外表美能产生光环效应，我们很容易认为长得好看的人更亲切、更外向、更有趣、更有教养、性格更好，并且可能还会有更成功的社交和职业、更充实的人生等，虽然实际上未必如此，但外表吸引力的偏见是普遍存在的。

人们对美丽的判断具有跨种族的一致性。英国心理学者斯莱特等人（1998年）发现，即使是新出生的婴儿也更喜欢漂亮的面孔，他们看漂亮面孔的时间远远多于不漂亮的面孔。另外有研究者发现，女人如有“娃娃脸”的特征，拥有大眼睛、小鼻子、尖下巴和丰满的双唇，并且显得有女人味、青春可人，满面笑容，那么在全世界都是公认的美女。男性的吸引力比较复杂，拥有结实的下颚和宽阔的前额，看上去坚强而有主宰力的男性通常会被认为是帅的。另外，有点女性化的男性面孔也有吸引力，女性化的特征出现在男性面孔上可能会被认为更加友好。不过，研究者发现，女性喜欢哪种男性脸型和她们的月经周期有关，当处在排卵前的受孕期时，她们会觉得具有男子气特征的面孔更吸引人，而其他时间会更喜欢青春的、具有孩子气特征的男性面孔。这可能也说明了为什么现在的选秀节目中有较强女子气的男性会受到众多粉丝的追捧。

在外表方面，形体也起着重要作用。进化心理学认为，形体直接影响吸引力的大小，并且男女之间存在差异。男性认为体重正常，不肥不瘦，腰身明显细于臀部的女性身材最有吸引力，最吸引人的腰臀比是0.7。女性更欣赏腰臀比为0.9的男性身体，即腰围与臀围类似的上下一体的健硕身材。另外，男性宽广的肩膀也更有吸引力。

在外表上，还有其他因素影响吸引力，外表的影响是多层次的，无论男女都更倾向于男方高于女方，所以在生活中我们会发现，高个子男性更受欢迎。另外，通常长发的女性比短发的女性对男性更有吸引力。研究者认为，美貌的标准存在进化论的基础，现代男性普遍喜欢面孔特征对称、娃娃脸、低腰臀比的女性，这本身就是一种进化倾向，根植于人类的本性中，因为只有成功地寻求到生育能力强的健康伴侣的早期人类，才更有可能成功地繁衍下一代。

同时，吸引力的标准也会受到不同时代的影响。以现代人的眼光来看，我们可能很难理解唐朝以胖为美的审美标准。在我们现在这样一个物质丰足的社会，纤瘦的女性会被认为是好看的、迷人的。减肥经常会成为现代女性的苦恼。在物质不丰富的年代，稍胖的女性更能赢得大家的喜爱。因此，是人性和环境条件共同决定了什么美、什么不美。

虽然外貌对人有很强的吸引力，但并不是绝对的。外貌的吸引在人际关系刚建立的时候起作用。假如人们都只愿意和美貌的人交往，那就会有太多人无法找到爱人了。现实状况是，虽然人们更想和俊美的人交往，但最终的结果是会和自己外貌相当的人配成一对。无论我们外表看起来如何，我们都会下意识地寻找和我们看起来类似或者同一社会阶层的人作为恋爱对象，如果我们认为自己的魅力指数满分是 10 分的话，那么也会下意识地寻找另一个魅力指数为 10 分的对象；如果我们觉得自己的魅力指数是 6 分的话，那么也会去找同样是 6 分的人。于是，我们会发现夫妻双方在外貌的吸引力上是非常接近的，这也很好地解释了生活中的“夫妻相”现象。

外貌的吸引力虽然在我们刚接触他人时是重要的特质，但该特质的重要性会在关系的发展中逐步被淡化，在关系的后期，态度、价值观、信仰和角色等因素就会变得更加重要。

（四）相似产生吸引力

和我们相像的人具有奖赏意义。我们终其一生都在寻找那些世界观、人生观、价值观与我们相似的人，这在某种程度上是一种自我支持。中国有句古话叫“物以类聚，人以群分”，是非常有道理的。这个观点在 1971 年被美国心理学者伯恩证明。该研究首先让被试者填写一份态度测试问卷，然后让他给他认为同样来参加研究的陌生人评分，这个陌生人是被事先安排好的工作人员，当这个陌生人和被试者有很多共同点时，可以从评分中看出被试者对这个陌生人的喜欢程度明显增加。

相似产生吸引会体现在各个方面。首先会有年龄、性别、受教育程度、地区等人口统计学上的相似。你是否发现你更容易对生长在同一地区的人有亲近感？其次是态度和价值观的相似。通常，伴侣的共同点越多，彼此之间越互相喜欢。而且相互喜欢的程度不会随着相似度的提高而下降，所以，不用担心彼此之间共同点太多而引起问题。你们彼此之间对事物的看法相似，喜欢同样的书籍、音乐会让你们彼此之间更有吸引力。另外还有性格上的相似，对于长期相处的人而言，处事风格和人格特征相似的人更能够和睦共处，性格相似的情侣比性格差别较大的情侣更能感觉到幸福。

越相似的人越容易产生吸引力，那么已经产生吸引力的人之间还会变得更像吗？是的，相互吸引的两个人会随着时间的推移变得越来越像，这就是为什么生活中会有“夫妻相”一说。甚至，很多恋人对彼此感觉相像的程度要高于实际情况。相似性是平衡理论的核心观点，平衡理论提出人人渴望和谐平等，这也意味着恋人之间在心态和行为上的和谐统一。

（五）相异产生吸引

在生活中，我们还会发现一个现象，就是恋人最初吸引人的品质变成最惹人厌烦、恼怒的特点，这就是致命的吸引。比如，对方开始交往时看上去主动风趣，到后来会看上去不负责任；一开始看上去比较执着，可能后来就会觉得偏执；一开始觉得对方关注自己，后来可能会觉得对方大男子主义。这些致命的品质往往是伴侣一方没有的、最初渴望得到的，但随着时间的推移，人们发现这些相异没有吸引力了。

美国社会心理学教授费尔姆利在 1995 年提出了“致命的吸引”这个词，她假设以下三种条件比较容易产生致命的吸引：(1)对方与自己完全不同；(2)对方拥有平常人没有的特质；(3)对方拥有超越其性别本身的特质(如普通意义上男性或女性所不具备的特质)。后来，她在系统地研究了 300 余人的信息后，验证了其基本假设。第一，伴侣之间的差异既可以是最初恋爱的吸引因素，也可能成为分手的重要因素。如果两人能在交往的过程中看到、认识并接受彼此的不同，那关系不会受到很大的影响。第二，最初吸引人的特点越特别，越容易在以后造成巨大的心理落差，进而分手。第三，拥有非该性别特征的特质不会导致分手(比如男性温柔体贴，女性果敢冒险)。

另外，我们也会看到两个相异的人产生吸引，比如一个滔滔不绝者会喜欢不爱讲话的人，一个不太有条理的人喜欢条理清楚的人。虽然有很多共同点并不会让两个人的关系产生危险，但是如果两个人太过相似，难免会产生厌倦，需要一个人来弥补我们的缺陷，因此那些我们渴望成为的人就会对我们产生吸引力。我们会喜欢那些身上拥有我们期望拥有却不具备的品质的人，这些品质和我们理想的自我部分相似。如果伴侣双方有不同的特长，这样就形成了互补，并且能起到取长补短的作用。

（六）被喜欢产生吸引力

在亲密关系中，我们会追求最有可能给我们带来回报的对象，研究者认为，当我们寻找恋爱对象时，会遵循以下公式决定建立亲密关系的可能性：

值得拥有的程度＝外表吸引力×被接受的可能性

也就是说，当其他条件相同时，如果对方喜欢我，但外貌不敢恭维，那可能也不会成为理想的约会对象；如果对方长得很好看，但并不喜欢我们，我们可能也不会选择这样的人作为恋爱对象。最吸引人的是那些外貌还可以，同时对我们很感兴趣的人。

我们期望伴侣接纳自己的可能性大小，很大程度上和自己的适配价值有关，高适配价值的人有很多热烈的追求者，他们可以合理地期望大多数人对自己感兴趣。比如，绝代佳人对男性就会有很高的要求，在学校里成绩好、人缘好、工作能力强、竞赛排名靠前等各个方面都很优秀的女生也有充分的理由坚持对恋爱对象的高要求。而经济条件差，没有上进心，没有高学历，外貌又很一般的男生则很难找到一个高标准的恋爱对象。

对方是否喜欢我们和接纳我们，是我们选择恋爱对象的重要问题，人们通常是不愿意去冒被拒绝的风险的。比如，研究者曾对一所大学的男生调查发现，如果他们遇到一个漂亮的女生，在不确定这个女生对自己是否感兴趣之前，只有3％的人会选择约这个女生。剩下的所有的男生都表示，再等等，看彼此兴趣爱好是否相同，或者觉得面对美女没有自信干脆选择放弃。

还有一个实验也证明了这一点。在研究中，大学生必须选择观看电影的座位，他们会有两种选择：挤到临近美女的唯一座位上，或者独自一人坐到身边有很多空位的座位上。关键是有的男生认为两边屏幕放的是同样的影片，而另一些男生认为两边放映的是不同的影片。按推测，大多数男生都希望认识美女，然而，如果两边屏幕放的是同一部影片，挤到美女身边就有被拒绝的风险，他们有意接近美女的意图会太过明显，美女可能会拒绝。但是，如果两边放的是不同的电影，男生就会比较放心，这样挤到美女身边可能表示的是想看不同的电影，而不是故意接近美女，美女也不好意思拒绝。实验的结果是，当两边放的是同一部影片的时候，只有25％的男生敢坐在美女身边；但是当两边放映的是不同的影片的时候，有75％的男生敢这么做，因为这个时候男生的意图比较模糊，美女不太好拒绝。所以，人们会关注别人对自己接纳和喜欢的可能性，更愿意与那些接纳和喜欢自己的人接近。

设想一下，当你对一个人有好感，而这个人也对你有喜欢之情，并对你表达了欣赏之意时，你会更关注对方。人们更愿意与那些喜欢他们的人接近，这也和吸引力的奖赏法则是一致的，同时这个倾向也符合平衡理论。平衡理论认为，当两个人彼此喜欢时，两人的感情就达到了一种平衡；当两个人彼此厌恶时，也能达到一种平衡；但是当两个人中的一方喜欢另一方，却不被对方喜欢时，就会打破情感的平衡。人们更渴望彼此之间的感情能达成和谐一致。

实验者做过一个研究，大学生被试者在实验过程中遇到一个实验者，要么友好地对待他们，要么粗暴地对待他们，随后，实验者的导师会过来，对实验者的态度也是要么友好要么粗暴，然后，安排大学生被试者有机会为导师做一些事情。结果发现，如果导师友好地对待让大学生愉快的实验者，或者粗鲁地对待让大学生不愉快的实验者，大学生都会对这个导师更有好感，也就是说在人际中取得了平衡。正是这个原因，如果某人和我们一样讨厌一个人，那么我们会更倾向于喜欢和我们态度相同的人。

（七）得不到的更有吸引力

《罗密欧与朱丽叶》是莎士比亚的悲剧名作，在这个故事中，彼此相爱的罗密欧和朱丽叶，由于双方的家族仇恨，他们的爱情遭到了家庭的强烈阻挠。但是家庭的阻挠并没有使他们分手，反而使他们爱得更深，直到双双殉情而死。相似的故事还有中国的《梁山伯与祝英台》。

心理学家对于这种破坏两人爱情关系，反而使两个人爱得更深的现象进行了实验研究。他们挑选了 91 对已经结婚的夫妇和已经恋爱长达 8 个月以上的 49 对恋人，对他们彼此相爱的程度和父母干涉程度之间的关系做了进一步的研究，结果发现，在一定范围内，那些父母干涉程度越高的情侣，彼此的相爱程度就越深。因此，心理学家将这种出现干扰恋爱双方爱情关系的外在力量，而使恋爱双方关系加强，恋爱关系也因此更加牢固的现象称为“罗密欧与朱丽叶效应”。

这个效应也符合心理抗拒理论。心理抗拒理论认为，如果人们失去行动或者选择的自由，就会奋力争取。因而，当我们面临失去某件事物的危险时，就可能越想得到它。人们往往喜欢迎难而上，去追求那些不容易得到的人。越是难以得到的东西对人们越有吸引力，轻易就能得到的东西或者已经得到的东西，其价值往往被人们忽视。这是因为在每个人的内心都希望自己主宰自己的命运，按照自己的意愿做出选择。一旦有人替我们做出选择，并将这种意志强加给我们，我们就会从心理上产生一种抗拒的情绪。

对此，美国社会心理学家做过一个有名的实验：实验者让被试者面临 A 和 B 两个选择，一种告诉被试者“我们选择的是 A”，创造一种低压力的条件，另一种告诉被试者“我觉得我们两个人都应该选择B”，创造一种高压力的条件。结果发现，在第一种条件下，选择A的占70%；第二种条件下，选择A的占40%。这个实验说明，面临选择时，如果是我们自己的意愿，那么会更喜欢所选对象；如果是被迫做出的选择，则会降低对所选对象的好感。

其实每个人的内心深处都希望自己主宰自己的命运，按照自己的意愿做出任何选择。一旦有人为我们做出选择，并将这种选择强加给我们，我们就会产生抗拒心理。

练习：恋爱吸引力有几何？

联系生活中的例子，将你认为影响恋爱吸引力的因素写下来，并与身边的同学展开讨论。

____

____

____

第二节　大学生恋爱吸引力的典型现象

案例：你像那天空一片云，投影在我的波心

张浩在一次社团的舞会上认识了小雪，被小雪的舞姿和美丽的容颜深深吸引，觉得对小雪产生了一见钟情的感觉，但是隐约地又从小雪的谈吐中感觉到她有一些以自我为中心和爱慕虚荣，但是小雪那曼妙的舞姿始终在他脑海中挥之不去，之后他还是约了小雪，希望能有进一步接触的机会。小雪觉得张浩和其他同学不太一样，穿的衣服都是名牌，戴的表也非常昂贵，并且在面对她的时候很大胆，不像其他同学那样害羞，虽然小雪觉得张浩和同学们都不太合群，给人一种傲慢的感觉，但是张浩约她一起去看最喜欢的歌手的演唱会，演唱会门票很贵，要花上她半个月的生活费，便答应了张浩的邀约。

你认为他们的这场约会以及未来的发展会怎样，为什么？

____

____

____

大学生恋爱吸引力的产生同样遵循吸引力法则，校园恋情因为时空的优势，在临近、相似、相异等方面呈现出一些典型现象。

（一）近水楼台先得月

在空间上距离越小的群体，随着渐渐地接近而交往，在早期阶段，往往很容易成为知己。例如，大学生一进校时，先是和宿舍同学的关系最为亲近，其次是班上的同学，再次是老乡，最后才是学校里其他的同学。由此可见，大学生的这种交往规律，在空间上是由小变大的。这是因为空间距离小的人，能够经常地交往和互动，从而形成一定程度的人际吸引。人际交往可以帮助人们更多地掌握外部世界，使人找到熟悉感和归属感，随着交往范围的不断扩大，那些接触交往频繁的人们就很容易成为朋友。熟悉的交往群体，当他们发现对方在人格或行为上存在某些污点时，反而会演变成更深程度的厌恶感。但是，往往相互熟悉的群体，他们都会学着如何在行为上避免不愉快的互动，有意识地排除不愉快，由此可见，空间上越邻近的人越容易成为朋友。

我们还会发现大学校园里，班级内的情侣和同专业的情侣更多，跨专业和跨校情侣可能会相对少，异地情侣会更少，而异地情侣中还包括曾经是高中同学的情况，大学生的恋爱也会在更近的距离发生。

（二）酒逢知己千杯少

相似吸引往往会表现为在个人性格方面越相似的群体，越容易相互吸引，从而产生亲密感。随着交往的深入，类似的价值体系和社会背景逐渐取代了空间距离，从而成为决定喜爱或选择他人的因素。在其他信息相对缺少的情况下，交往群体中同性别、同取向、同年龄、同性格的人更容易相互吸引。例如，大学生一开始是以宿舍为单位进行活动，然而到了后期往往是与那些在日常生活中有相同想法、共同语言的同学处得更为融洽，感情交流更为密切，这就体现了相似吸引的规律。

在交往的初期，空间距离，交往频率对吸引力影响很大，但是随着关系的发展，态度和价值观的相似会更影响吸引力的大小。酒逢知己千杯少，话不投机半句多。有共同的语言，常常是大学生的友谊和爱情可以持续的重要因素。

（三）你有的是我欣赏的

人与人之间需要相互满足，即互补吸引。当交往双方的一些相反特征形成互补时，两个人就会趋向于相互喜欢。一个冲动的人，会去羡慕一个能够冷静思考问题的人，因而会时时向他请教，寻求解决问题之道；反之，一个冷静思考问题的人，也会羡慕那个冲动的、敢爱敢恨的人，因而也愿意跟这种人交朋友。郭靖忠实憨厚、心地善良，黄蓉古灵精怪、聪慧过人，两人年少相识，一生相守，生死与共。如此性格相异的人是如何产生吸引的呢？是因为相异产生的互补，至聪至慧的黄蓉被至真至纯的郭靖吸引。因为我缺，所以我需要；因为我静，所以我喜欢好动的你；因为你爱说，所以我爱听。这就是由双方的需要满足所产生的人际吸引。你有的是我欣赏的、羡慕的、我没有的，通过你，我看到了更理想的自己。所以在生活中，我们可以看到这种互补式的爱情：急性子与慢性子的组合、果断与优柔寡断的组合、活泼好动与安静内敛的组合等。

练习：我的爱情吸引力之旅

现在回想一段你的感情经历。如果你正处于恋爱中，那么就用这段感情来作答。如果你现在没有固定的感情，可以用之前的感情来作答。

对方的什么性格特质吸引了你？你为什么被吸引？

____

你的恋爱对象喜欢你的什么性格特质？为什么会被你吸引？

____

如果你还在这段恋爱关系里，那么是什么原因让你们继续相互吸引？

____

第三节 如何增强大学生的恋爱吸引力

当代大学生正处于青少年晚期向成年早期过渡的关键时间。根据埃里克森的人生发展八阶段理论，这一时期的主要任务是建立亲密感，克服孤独感。这一时期的主要任务就是发展亲密关系。亲密关系发展顺利与否直接关系大学生个体的幸福感。大学生的专业学习强，并不意味着亲密关系建立的能力强，特别是在亲密关系建立的初期，吸引力极大地影响着亲密关系的建立。

通过对影响吸引力的因素分析，我们知道大学生要想建立恋爱关系，应该注重自身吸引力的提高，帮助自己在社会群体中建立良好的形象，要充分利用大学校园进行知识积累，争取一切可能的机会，充实自己，提高自己的整体素质。这样，才能为我们开启一段满意的亲密关系奠定基础。

（一）管理第一印象，优化形象促吸引

外表吸引在人际初期起到重要的作用，对方对你的“第一印象”直接影响到今后的交往，而第一印象的直接窗口就是外表。漂亮的外表往往会有不可抗拒的吸引力。亚里士多德说过：美丽是比任何介绍信更为巨大的推荐书。虽然“以貌取人”并不可取，但对于初次的接触，外貌对人际吸引的影响也是不争的

事实。大学生要注重管理自己的仪表，适度修饰自己，给对方留下良好的第一印象，提升自己的恋爱吸引力。

首先在仪表仪态上要注意。仪表仪态主要包括一个人的体型、外貌、服饰、表情等。衣装合身得体、合时合地，仪态温文尔雅、知书达理，温柔的微笑，开朗明媚的面部表情都能增加吸引力。

其次是语言。语言是重要的交流工具。在人际交往的初期，言语者可以通过语言将自身的思想情感和个性呈现出来，往往能够弥补个人在容貌、服饰等方面的不足。言语能帮助个人顺利达到交流信息、沟通情感、增进了解的目的，同时也能吸引他人，促进关系的发展。

（二）主动交往，逐渐熟悉促吸引

临近产生熟悉，熟悉又可能促进吸引。利用接近能够产生吸引力的原则，主动提高对方对你的熟悉程度。要熟悉首先需要接近，实际上正是这种空间距离的临近使谈话者之间心理上感觉到更加接近，做到知无不言、言无不尽，使双方坦诚相交。大学生要建立良好的人际吸引力，必须放下架子，主动和他人交往，只有交往才能做到相互了解，进而达到熟悉。提高熟悉程度的主要方法是互动接触，互动接触越多，熟悉程度越高，关系越容易密切。由相互熟悉到相互喜欢，从而为建立起良好的关系奠定基础。即使亲密关系建立了以后，不经常进行互动也会产生陌生感和疏离感，所以一定要提高交往的频率。

做交往的发起者，掌握主动权。遇到生人，主动介绍自己从而建立关系；看到他人遭遇尴尬，主动解围缓解气氛；有同学朋友不舒服，主动问候给予关心；朋友见面，主动寒暄调动昔日情谊，这样，你会更容易成为对方最熟悉、最值得亲近的人，增强了自身魅力及吸引力。

（三）寻找共性，产生心理联结促吸引

“物以类聚，人以群分”，人们喜欢与自己在年龄、兴趣爱好、成长背景、态度价值观相似的人交流。寻找亲密关系的过程，实际上也是在寻找相似点的过程，在和他人的交往中，用心寻找彼此的共性，在相似的方面加强沟通，加深理解，获得支持，更容易获得亲密关系。

大学生寻找和自己相似同学的最好方法是参加社团组织、志愿活动等，这些组织通常是基于共同的兴趣爱好组建的，相似的兴趣爱好会促使大学生之间产生共同语言，进而产生心理联结，双方可以在互相探讨、互相学习、互相促进的过程中产生吸引力。另一方面，大学生要积极参加第二课堂，努力培养自己广泛的兴趣和爱好，这样更容易找到与自己彼此吸引的人。

（四）关心所需，贴近对方心灵促吸引

根据吸引力的奖赏法则，每个人都希望在彼此的交往中获得满足和奖赏，因此，如果你能适度满足对方的物质或者精神需要，你对他人来说就会更有吸引力。在交往中，我们可以遵循"己所不欲，勿施于人；己所欲之，慎施于人"的原则，设身处地为他人着想，成为一个善于倾听、善于理解别人的人，才能走进对方的心灵。在对方遇到困难的时候，及时伸出援助之手；在对方需要一些急需物品的时候，悄悄送给对方；在对方需要鼓励的时候，及时给予对方，这样你就会逐渐成为对方想要接近的人。

（五）由衷赞美，拨动对方情感促吸引

美国心理学家詹姆斯说过："人生中最深切的禀质，是被人赏识的渴望。"被看见、被关注是我们内心最深层的渴望，这种渴望的满足会让人感觉到自己更有力量，心灵获得滋养。因此，当我们能够用心去发现他人的长处并给予赞美的时候，会给予他人力量感和心灵滋养的感觉，增强他人的幸福感和自信心，对方会更容易对你产生好感。你会发现在和同学的交往过程中，别人的一句"你太有责任心了""你真细心""你特别有组织能力"等都会让你感到心情愉快，反过来也是一样，你对他人优势的发现并给予赞美往往会换来别人对你的喜欢，增强了自己的吸引力。如果你有喜欢的对象，不妨发现对方的优点，并对对方的优点给予真诚的欣赏和赞美。

（六）善于倾听，关注对方情绪促吸引

每个人都渴望被他人看到，人们总是喜欢尊重自己、关注自己、对自己感兴趣的人。善于倾听，说明了对对方的重视，是赢取他人喜欢的重要技能。但是并不是你听了就是善于倾听。善于倾听有两个基本要求：第一是注意力集中，第二是要主动反馈。

如果听别人说话时精力集中，并且有耐心，就容易获得对方好感。如果别人讲话时，你注意力不集中，似听非听，那么可能会引起他人的不满，增加和他人的距离感。倾听的同时还要主动反馈你听到的内容，用面部表情、点头微笑等表示你正在听对方讲话，能理解他的感受，鼓励对方更加自由、流畅地分享自己的感受和见解。没有听懂可以适当提问，请对方更加详细地阐述。好的倾听关注对方的情绪，给予情绪上的理解和共情，而不是提出各种建议。

当你能够做到善于倾听的时候，别人会感到被理解和被尊重，自然会增加对你的好感，你个人的吸引力也会增加。

（七）涵养个性，增加自身人格魅力促吸引

个性品质以及人格魅力是影响吸引力的最稳定因素，人格魅力则指一个人在性格、气质、能力、道德品质等方面具有的很能吸引人的力量。大学生更重要的是提升自己的内在品质和能力，提升自己的软实力，增强人格魅力，提高自身的吸引力。

人格魅力虽然是比较抽象的概念，但大致可以从外表吸引力、知识修养和个性品质三个方面去提升。外表吸引力，不仅仅是外貌，还包括整洁的仪表、得体的姿态、恰当的谈吐等。而且外表吸引力的关键不仅仅在于外表，还在于其让人联想到一些美好的人格特质或者说性格特点。

内在涵养的提升。腹有诗书气自华。在专业上不断精进，扩展知识面和兴趣爱好，提升知识的深度和广度，这是一个人在人群中被人看重的重要特征。

塑造个性品质。1968 年美国社会心理学家安德森曾经设计了 555 个描写个性品质的形容词。排在序列最前面、喜爱程度最高的六种人格品质是：真诚、诚实、理解、忠诚、真实、可信，它们或多或少、直接或间接同真诚有关；排在序列最后、受喜爱水平最低的几种品质，如说谎、装假、不老实等也都与真诚有关。真诚开朗、宽容待人、乐观进取、独立自信、坚毅勇敢等都是可以在群体中熠熠生辉的品质。

心理测试

想了解你在朋友眼中的吸引力吗？不妨找几个人为你做下面量表的评价，请认真阅读以下描述，选择一个适合你的选项并打“√”，“1”表示非常不同意，“9”表示非常同意，数字越大，代表符合程度越高。

表 1-1　吸引力测试

序号	描　　述	非常不同意→→→→非常同意								
1	你认为他/她在多大程度上是智慧的？	1	2	3	4	5	6	7	8	9
2	你认为他/她在多大程度上是富有幽默感的？	1	2	3	4	5	6	7	8	9
3	你认为他/她在多大程度上拥有迷人的品质？	1	2	3	4	5	6	7	8	9
4	你认为你的朋友在多大程度上会喜欢他/她？	1	2	3	4	5	6	7	8	9
5	你认为他/她在多大程度上会接纳你的朋友圈子？	1	2	3	4	5	6	7	8	9
6	你认为你们在多大程度上拥有相同的爱好？	1	2	3	4	5	6	7	8	9
7	你认为你们的观点和看法在多大程度上相似？	1	2	3	4	5	6	7	8	9
8	你认为你们在多大程度上拥有相同的兴趣爱好？	1	2	3	4	5	6	7	8	9
9	你认为和他/她相处会很快乐吗？	1	2	3	4	5	6	7	8	9

评分标准：总分为各项目分值之和。

结果解释：你的分数会在9～81之间。分数越高，吸引力越高；分数越低，吸引力越低。

9～35分，低吸引力；

36～60分，中吸引力；

61～81分，高吸引力。

资源共享

图书推荐：《亲密关系》(**第6版**)

《亲密关系》(第6版)是2015年人民邮电出版社出版的图书，作者是美国萨姆休斯敦州立大学心理学教授罗兰·米勒。作者对亲密关系的教学长达多年，对亲密关系领域有深入的研究，本书整合了多个学科的重要理论和全新研究进展，系统性地整理和展现了当代亲密关系研究全新的研究结果与理论进展，详细论述了亲密关系的基础、活动形态、类型、矛盾和修复等内容，旁征博引，纵横捭阖，专业性和可读性兼具。

电影推荐：《罗密欧与朱丽叶》(***Roméo Juliette***)

电影讲述了罗密欧与朱丽叶在一个派对上一见钟情，这个派对是为了庆祝朱丽叶找到了如意郎君。可是他们各自所在的家族是死对头，常常爆发冲突。罗密欧潜入了朱丽叶家的后院，两人互诉爱意，由于知道家族之间的不和是他们的障碍，所以他们在神父的帮助下秘密完婚。男女主角的爱情受到了家族的阻挠，反而激发其奋起抗争、奔向彼此的决心，得不到的更有吸引力。

第二章 爱的进展

真实爱情的途径并不平坦。

——莎士比亚

身边的故事："玫瑰"也有"刺"

丽丽和王磊是同班同学，两人大一时因为共同主持了学院的元旦晚会，彼此吸引，互生情愫，过了一个月便确定了恋爱关系。开始时，两人的感情非常甜蜜。王磊很体贴，每天都会为丽丽买好早餐送到寝室楼下；丽丽也很细心，会留意王磊的一切，帮他买心仪已久的钢笔。他们每天一起上课、吃饭、聊天，似乎有说不完的话题。这对情侣也成为班级很多同学羡慕的对象。但是过了几个月，两人的关系便发生了变化，开始不断有争吵，丽丽总嫌王磊陪她的时间不够，宁愿打游戏也不愿意陪她复习功课。王磊觉得自己需要独立的空间，不希望天天黏在一起。双方经常为了一些小事发生争吵，觉得在爱情中好累，不知道当初那么甜蜜的爱情为什么会变成现在这样。

想一想：

在爱情中，是否只有甜蜜的时光？

情侣在爱情的不同阶段是否会有不同的表现？

写一写：

你的爱情是否经历了不同的阶段？写下不同阶段的特点。

你认为是什么在影响着你的恋爱关系？

就如丽丽和王磊一样，很多甜蜜的情侣在交往了一段时间后，总会出现一些问题，要么因为一些事情持续冷战，要么不断争吵。很多情侣不理解这到底是怎么了？相爱的两个人为何会变得无法理解彼此，之前如此迷恋的爱人的特点为何现在变成讨厌的部分。

其实并不是当初的那个人变了，而是爱情会有不同的发展阶段。我们不会一直处在恋爱初期的蜜月里，当爱情的蜜月期过了以后，我们会进入下一个恋爱时期。

第一节 爱情发展的五个阶段

春天绿树发芽，夏天繁花盛开，秋日红叶满山，冬日白雪覆盖，四季有自然规律，万事万物都遵循自身的运行规律。亲密关系的发展也有一定的规律可循。美国心理学者苏珊·坎贝尔在《伴侣的旅程》中将爱情发展阶段分为五个：浪漫期、权力争夺期、内省整合期、承诺期和共同创造期。了解爱情发展的不同阶段，可以让我们对于亲密关系的发展有一个全面的了解，进而理解自身及恋人在不同阶段的表现，有助于我们更好地把握爱情的进展。

（一）浪漫期

爱情建立的初期，通常是三个月到半年之间，这段时间情侣会经历浪漫期。这个时期是感觉最刺激、最甜蜜的阶段，双方都觉得找到了人生中最对的那个人，“一日不见，如隔三秋”的感觉在这个时期会出现，恨不得每天见到对方，天天在一起。在一起的时候，双方都充满了力量，并且敢于冒险，愿意为对方做曾经害怕的事情，能强烈感受到世界的美好，愿意为对方做出改变。

似乎这个时候情侣都回到了最初的童真时期，单纯、幼稚、坦诚，把对方当成了能够满足自己所有需要的完美对象。这个时期见面的时候女生会好好打扮自己，男生也会注意自己的仪表，双方都希望在对方那里呈现自己最完美的样子，谁都不愿意把缺点暴露给对方，男生是温柔体贴的绅士，女生是乖巧知心的小女孩。他们都在和幻想中的那个他/她谈恋爱。这个时期会充满激情、着迷和性兴奋。

这个阶段也会出现一个有意思的现象，人们往往会寻找自己身上没有而拥有此特质的人。那么当两人的了解逐渐增多时，亲密关系逐渐平静，两人的光环逐渐退去，关系越来越深入，就会进入权力斗争期。

（二）权力斗争期

我们都曾有过这样的经历：我们看到书中或者影视作品中描述或者介绍的某一个风景胜地，心生向往，非常喜欢，觉得那可能是我们最想去的地方，那里的体验一定非常美妙。但是当我们真正到了那个地方，会发现它和我们想象中的很不一样，风景并没有书中描写的那般美好，也没有影视作品中呈现的那般精致，我们会感到失望。这就像是在亲密关系中一样，最开始的幻想是完美的，但是当幻想退去，我们不再被错觉迷惑，开始看到对方真实的样子，我们便会进入大大的失望之中，这个时候我们会进入爱情的另一个时期：权力斗争期。

这个时期的情侣忽然发现对方有好多缺点，对方有好多与自己不同的地方。当对方无法满足自己的期待时，自己便会陷入失望之中，会用受害者的姿态指责、压制对方，让对方感到罪恶感等方式去改变对方，以使对方能够符合自己期望中的样子。

很多情侣在这个时期开始无休止地争吵。女生认为男生不够爱她，为了她连一个小改变都不愿意；男生觉得女生生气的时候不敢哄，越哄越生气，解决不了问题。争吵最根本的是希望能够争取亲密关系的主动权，改变对方的想法和行为，满足自己的期待。争吵被当作表达需求、解决问题的方式。很多情侣会一直停留在这个阶段，他们在恋爱中不断地希望对方改变，满足自己的需要，因此而不断痛苦纠结。

在权力争夺期，最可怕的不是两个人争吵，而是冷战，双方不见面，拒绝联系，不再过多地投入亲密关系中，那么彼此之间就会产生距离感，两人可能逐渐会失去兴趣。这样的僵持局面虽然表面看没有冲突，却丧失了两性关系中的亲密和成长的可能性，两人之间的秘密越来越多，怨恨也越积越多，最终会导致分手。

这是一个新秩序建立前的混乱时期，很多人无法承受，便退出了，也就是我们所说的分手。但是当情侣能够停在冲突中，不退缩出去，可以加深对自己和恋人的认识，从而进入到下一个恋爱阶段。

（三）内省整合期

真正的亲密关系是从整合期开始的，因为整合期的亲密感基于彼此的了解和接纳，较少存在幻想，而是跟现实结合在一起。进入整合期的情侣经历了无数的冲突，双方终于看到了无法改变对方的事实，发现每个人都有优点和缺点的事实，双方开始发现、分享、尊重和接纳彼此的不同，接纳对方真实的样子，而不是再争论谁对谁错，改变对方满足自己。

这个时期通过痛苦的内省以及直面自我，个体的生命将会获得极大的成长，情侣会发现对恋人最不满意的地方，可能恰恰是他们内心最缺乏、最需要的地方，对待恋人的方式实际上是对待自己的方式。这个时候亲密关系的精神生命才真正开始。

这个时期的关系既不像蜜月期的激情式浪漫，也不像权力争斗期的混乱，而是会逐渐进入一种平静的状态，会以一种更理性的态度对待亲密关系，可以承认自己的脆弱，向对方打开自己；真正地对对方感兴趣，愿意倾听对方；分享自己而又不期待对方为自己完全负责；彼此重视，真诚和相爱，既保持自己的独立，又能够彼此依赖；开始真正地关注自己，爱自己，更多地开始自我满足。

整合期可以很漫长，甚至可以持续一生，因为人的成长就是一个持续一生的过程。在整合期依然会存在蜜月期的幻想和权力斗争期的争夺成分，能够进入深度整合关系的情侣还是少数，大多是在整合的过程中，也有不少情侣尚未进入整合期就放弃了关系。

（四）承诺期

这个时期的伴侣已经非常了解彼此，经历了某种程度的整合，双方可以对亲密关系做出坚定的承诺。在这个阶段，虽然权力斗争的问题依然会出现，但基于对彼此的了解，双方依然承诺会继续在一起。双方对这段关系都具有信心，相信彼此都能够为共同的关系负责，处理差异，解决问题。

进入承诺期的伴侣，双方彼此间都有深刻的了解，能够清楚地表达自己的意愿和想法、需求和期待，但此时的期待是基于对对方有更深的认识而存在的，因此是更为实际的。双方能够彼此独立，又能共享在一起的生活，亲密感和信任感都更加深入。这个时候，双方都了解对方的依恋模式，在关系中能够感到安全，也不再总是怀疑对方是否爱自己，彼此能够非常坦诚地交流想法感受而不必担心受到伤害，能够共同计划彼此的生活，并为此付出实际努力。

（五）共同创造期

这个时期的伴侣卸去了蜜月期的幻想，超越了权力斗争期的混乱，经历了内省整合期的自我发现，实践了承诺期的共同合作，伴侣双方进入共同创造的阶段。在共同创造期，双方是彼此协调一致的，关系是流畅自然的，彼此之间呈现出生命和爱的光环。两人在一起时，因为深刻认识到彼此的优势和弱点，因此在完成任务的时候，会充分发挥各自的优势，形成互补，因此更具有创造性。比如在旅行的过程中，擅长规划的男方负责行程路线的安排，擅长归纳整理的女方可以负责旅途物品的准备，双方都能发挥自己的优势，从而拥有一段完美的旅程。

另外，在这个时期，还会重返蜜月期。在生活中，我们也会看到一些夫妻，年轻的时候经常争吵，年龄大的时候反而像情侣一样甜蜜，可能这就是重返蜜月期的现象。但是这个阶段的蜜月期和最初恋爱阶段的蜜月期很不相同，这个蜜月期的浪漫不是幻想的浪漫，是基于现实的浪漫，基于对对方深刻的了解而建立的浪漫。重新开启浪漫期的两个人，会进入新的未知的领域，探索彼此生命中的可能性，然后开始新一轮的学习和成长。

练习：我的爱情发展阶段盘点

对照上文的知识讲述，反思自己的爱情处于哪个阶段？在这个阶段中，你与恋人的关系有哪些表现？

____

____

____

____

第二节　爱情进展中的影响因素

在爱情的进展中，你会发现有的恋人陪伴彼此，最后他们的关系进入亲密关系的另一种形式——婚姻；有的恋人分分合合，在权力斗争期始终无法稳定下来；有的恋人恋爱总是超不过半年，频繁地更换伴侣……可以说有多少对恋人，就有多少种不同的故事和结局。那么，到底什么在影响着人们的恋爱关系？

（一）依恋类型影响恋爱关系

"男朋友一天没给我打电话了，是不是不爱我了？""我就喜欢和男朋友天天黏在一起，可他说需要空间，怎么办？""和男友吵架了，我们已经两天没有联系了，持续冷战很难受。""每当我感觉和男朋友走得更近的时候，他就会推开我，但是当我离开，他又想要我走得更近，我不知道该怎么办了。"

在恋爱中你是否也遇到过类似的情况？这其实和亲密关系中的依恋风格有关。

依恋的概念最早由英国发展心理学家鲍尔比提出，他认为依恋是个体与主要抚养者发展出的一种特殊的、积极的情感纽带，也是指个体寻求并企图与另一个体在身体和情感上保持亲密联系的倾向。也就是说，当我们对某人产生依恋时，我们会产生接近他的愿望，分离时会产生焦虑，感到威胁时倾向于寻求他的帮助，并且感受到被支持去探索种种新事物。

依恋风格来自母婴关系，但是会在成年以后的恋爱中表现出不同的风格。成人在恋爱中的依恋类型有四种，分别是安全型、痴迷型、恐惧型、疏离型。

1. 安全型

该类型的人有稳定而积极的情绪，在爱情关系中更多地表现出关怀、亲密感、支持和理解。这样的人在恋爱中会认为自己是值得被爱的，他人也是值得爱和信任的。对于恋爱中的亲密行为感到舒服，能够尊重和信任恋人，能够容忍恋人的消极行为，能够努力维持和经营亲密关系，对恋人的态度开放友善又能够自我表露。他们十分容易与其他人接近，总是放心地依赖他人和让别人依赖自己。他们既不会过于担心被抛弃，也不怕别人在感情上与自己过于亲近。无论我们自己的依恋方式属于哪一种，找到一个安全依恋型的人做自己的恋人都是一件好事。

2. 痴迷型

该类型的人渴望亲密和依附，恋爱中担心失去对方，有强烈的情感需求，依赖于他人的赞许来获得内心的安适坦然，在恋爱中扮演着依赖者的角色，会通过各种方法来获得关注。在恋爱中，因为他们自身消极的自我形象，总是会认为自己是不值得被爱的，是没有价值的，会努力赢得恋人的接纳和喜爱。他们总会处于爱、恨、怀疑、拿不起、放不下的冲突情感之中，因此他们的情感总是不稳定和矛盾的。通常，痴迷型的人总觉得自己被误解和不受赏识，认为恋人不愿意与自己建立持久的关系。他们一方面希望能与自己的恋人极为亲近，另一方面又无法完全相信恋人的可靠和可信。他们常常对恋人过分控制，从而导致恋人的疏远，而恋人的疏远又会强化他们的不安全感，因此会在关系中更加控制恋人。我们常说的"作"大多是属于此种类型。

3. 疏离型

该类型的人常常表现出惧怕亲密关系和拒绝信赖别人的倾向。疏离型依恋的人较少主动与恋人发生亲密接触，他们在恋爱关系中回避情感的卷入、自我表露和相互依赖，压抑与依恋有关的想法和情感，往往在关系未能向好的方向转变之前就开始退缩，他们对爱情多疑且冷淡，认为别人不可靠或过分急于要承诺，逃避面对关系中的紧张和冲突。他们难以完全相信和依赖别人，只要有人试图在感情上亲近他们，他们就开始紧张。疏离型的成人对个人的看法相对积极，他们觉得自己是有价值的，但是认为他人会拒绝自己，和他人发生亲密关系得不偿失，因此他们避免和他人发生情感联系，保护自己不受伤害。他们拒绝和他人相互依赖，因为自己能自力更生，也不在乎他人是否喜欢自己。他们不想给恋人回报，因此不希望恋人给他们提供帮助，会注意其他的爱情选择，更容易被新的对象吸引。

4. 恐惧型

该类型的人对自己和他人的态度都是消极的，他们会对恋爱进行灾难性的评估，这种类型的成人可能出于害怕被拒绝而极力避免和他人发生亲密关系。虽然他们希望有人喜欢自己，但更担心自己因此离不开别人，所以在恋爱中总是渴望亲密却又恐惧亲密。因为担心恋人会离开自己，他们整天提心吊胆，不愿意倾听和处理恋人的烦恼，在恋爱中总是处于一种消极情感之中，甚至想到与恋人的亲密都会感到恐惧。

研究发现，不同的依恋类型组合的大学生情侣在亲密关系的质量上具有显著差异。其中，安全型-安全型的情侣，其亲密关系的质量在所有的成人依恋组合中最好；安全型-痴迷型的情侣在相处的过程中，可能会更多地使用求助和解决问题的方式，这样会缓解矛盾和困难；痴迷型-痴迷型的情侣在一起能够互相理解，给予支持和帮助，对关系也会比较满意；安全型-回避型、安全型-恐惧型的情侣亲密关系质量较好，这可能是因为安全型依恋本身具有比较强的安全感，能够包容和理解对方，因此能化解不安全型依恋在关系里的不信任感和不安全感。

回避型-回避型的情侣虽然不是太好，但也不会太糟糕，因为他们对亲密没有太多的需求，反而能够保持双方的独立而和谐相处。回避型-恐惧型的情侣在一起则会存在一定问题，因为回避型的个体在亲密关系中始终是回避的，而恐惧型的个体是想要靠近，但是一旦靠近又会撤回，内心会产生强烈的不安，对关系的满意度不会很高。

满意度最低的情侣组合应该是回避型-痴迷型、回避型-恐惧型、恐惧型-恐惧型。痴迷型与回避型的人恋爱，会总是得不到呼应，回避型的个体又无法忍受痴迷型恋人的过度亲密，因此双方都会感到不满。痴迷型与恐惧型发展恋爱关系时，痴迷型的人会喜欢亲近恋人，而恐惧型的人既渴求亲密却又对亲密感到不适，当恋人靠近时会压抑自己的需要而远离对方，但当对方距离过远时，又担心被抛弃，因此双方会陷入一种分分合合的状态中，进而对亲密关系感觉都不太好。恐惧型-恐惧型的情侣，都是希望亲近的，但一旦亲近就会感到不安，因此双方就像刺猬一样一靠近就会扎对方，无法突破双方的困境，因此亲密关系满意度也不高。

（二）自我表露影响亲密关系

案例 1：为何你会伤害我

张磊和瑶瑶已经认识一个月了，有一天晚上，张磊和瑶瑶进行了一场推心置腹的交流，一直持续到深夜。瑶瑶透露了她早年生活中一些私人回忆，被她的坦诚鼓励，张磊鼓足勇气与她分享了一段他从未告诉过别人的记忆。在高中时，张磊遭受过校园霸凌的残酷对待。这些痛苦的经历给他留下了心理创伤——导致他无法信任别人，不愿向他人敞开心扉。但那天晚上，在瑶瑶的陪伴下，他感到很安全，可以把自己内心隐藏的这一面向人倾诉。更重要的是，瑶瑶充满同情地倾听着。对张磊来说，这是一次全新的体验，他感到了一种前所未有的深刻情感。那天晚上张磊和瑶瑶之间发生了一些默契的反应，很快他们的约会关系变成了一种长期的、忠诚的、高度亲密的关系。

一年过去了，他们俩的关系很舒服、很稳定。一天晚上在同学们的聚会上，瑶瑶讲了一系列关于张磊的有趣的故事，逗趣张磊。他装出一副喜气洋洋的样子，和大家一起大笑，但内心却是感受到被众人嘲笑的痛苦。那些在高中被欺凌的痛苦回忆又涌上心头。但这一次，瑶瑶和她的朋友们成了霸凌者。第二天，张磊决定让瑶瑶知道他对前一天晚上的感受，他认为瑶瑶一直是一个富有同情心的人，一定会理解她是如何伤害了自己，并保证再也不这样做了。但事实并非如此。相反，瑶瑶说，她不是在取笑他。她只是在叙述关系中的小缺点，没有任何人会认为她在贬低他。而且，他为什么要对这件小事那么敏感呢？毕竟，他们都玩得很开心。这场交流不欢而散。

想一想：

张磊对瑶瑶的两次自我表露为什么会有不同的结果呢？

____

____

____

1. 自我表露与亲密关系

自我表露是由美国人本主义心理学家朱拉德于1958年首先提出的，他在《透明的自我》中将自我表露定义为：告诉另外一个人关于自己的信息，真诚地与他人分享自己个人的、私密的想法与感觉的过程。

如果对方很吸引我们，我们往往会对他们更开放，透露更多的个人信息，另外也有可能是因为对他人进行了自我表露，我们会更喜欢他们。在其他条件相同的情况下，对他人越开放，我们就越喜欢他们，因为别人对我们自我表露是一种信任的表现，自我表露多的人比那些很少表露自己或者不表露自己的人更让人喜欢。自我表露是人际交换的过程，通过自我表露能够使与他人的关系变得更加深刻，因此得到和给予自我表露是构建亲密关系必不可少的基础。在上文的案例中，张磊是在瑶瑶表露了自己一些私密事情以后说出了自己曾经被霸凌的事件，是一个相互表露的过程，并且通过自我表露加深了两人的关系。

自我表露有宽度和深度两个方面。交流的话题越多，则自我表露越具有宽度；对某一个话题的表露越多，则自我表露可能越深。在关系早期，自我表露的渗透通常会比较快；随着关系的深入，渗透速度会变慢。如果想要建立真正的亲密关系，那么自我表露的宽度和深度都很重要。

在关系早期，自我表露有明显的相互性，如果对方表露得多，那么自己表露得也多，如果对方表露得少，则自己表露得也会少，彼此的开放程度有很强的相互作用。在关系中的自我表露是一个渐进的过程，通常我们建立关系会逐渐地将话题变得更深入，而不是一下子就分享深层次的话题。

然而当一段关系稳定以后，自我表露的相互性就会减弱，自我表露的应答性就会增强，也就是说，当两个人的关系稳定下来以后，一方的自我表露不再是期望对方给予相同的自我表露，而是更希望对方能够给予关心、理解、支持和尊重等回应。因此，一段关系是否能够持久很大程度上取决于自我表露以后伴侣的应答。当伴侣以包容、接纳、共情和爱的方式给予应答时，两人的亲密程度会更进一层。

另外，不涉及伴侣信息的自我表露会被认可，从而导致亲密感增强；但涉及对方信息的个人暴露则可能会触发对方的防御行为，导致亲密关系受损。比如，案例中张磊对瑶瑶说："你今天当着众人和我开玩笑，让我很受伤，希望下次你可以不这么做。"这个自我表露可能会激起对方的防御，觉得你是小题大做，双方可能会引发争吵，从而破坏亲密关系。因此，当自我表露涉及对方的时候，我们需要对对方的防御性反应做出心理准备，而不是因为对方的防御也给予防御性的回应，这样不利于亲密关系的修复。

自我表露的频率会在感情之旅中逐渐减少，会在感情之处的高峰以后有一个大幅度的下降，之后随着时间的推移慢慢减少。

2. 自我表露的相对性

当然自我表露并不意味着情侣双方没有属于自己的秘密。即使在最亲密的关系中，人们仍需要保留属于自己的秘密。只有在自我表露和尊重隐私之间取得平衡，才能有利于维系恋爱关系。

如果要自我表露的话，需要慎重考虑应该暴露些什么，暴露到什么程度，跟谁暴露等这些实际问题，因为自我表露的往往是倾诉者难以启齿的事情，因此自我表露可能直接改变两个人的关系，甚至给当事人带来意想不到的后果，所以自我表露要量力而行，不能勉强，有意识地避免自我表露可能带来的危害，并最大限度地享受其带来的好处，这样对双方都有好处。

无论是自我表露还是有选择性地对情侣保留秘密，都不是亲密关系中的唯一交流模式，我们需要在关系的不同时期和不同的情境下采用不同的方式。愿意自我表露和避免自我表露都是我们日常生活中不可缺少的，对感情满意度都是有帮助的，在生活中的某些特殊时刻暴露自己的想法和感受，会提高彼此的情感满意度。避免自我表露或者回避一些纠结的问题，有时反而会增加情感满意度，但是如果一旦一方感觉到对方有意隐瞒一些情况，而此时另一方依然选择避免自我表露，两人就会渐行渐远。

（三）人格特质与亲密关系

案例 2：都是“性格”惹的祸

李涛和欢欢在一起一年了。李涛是一个积极乐观、热情的人，对周围同学也总是尽力帮助，和班级同学都相处得很好。但是欢欢对此总是疑神疑鬼，特别是李涛和其他女同学有接触时，欢欢总觉得李涛过于关注其他女孩而忽视了自己，为此经常对他发脾气。虽然李涛解释过很多次，但是欢欢依然觉得很没有安全感，甚至要求李涛只能帮助自己，不能帮助其他女生。李涛最后无法忍受欢欢的过多要求，提出了分手。

在情侣双方分手理由中，“性格不合”可以排在首位。我们经常笼统地认为亲密关系里的问题产生的原因是“性格不合”，其实这里面有很稳定的人格成分在起作用。就像案例中李涛和欢欢一样，欢欢之所以总是没有安全感，疑神疑鬼，可能和她本身的神经质人格有关。每个人都有不同的人格特质，人格特质是造成个体差异的稳定和持久的因素，同样影响着情侣之间的亲密关系。

人格专家发现一些能概括世界上所有人的核心特质，称为大五人格，其包括外倾性、宜人性、尽责性、神经质、开放性。比如，对方开朗阳光、积极向上、负责、理智，行动能力强，那么就体现出了人格中外倾性、责任心和开放性的一面；如果对方认真、负责、坦诚、周到、体贴细致、尊重他人，那么就体现了人格中责任心和宜人性的特点，这些人格特征会使亲密关系往更满意的方向发展。

研究发现人格中的宜人性和尽责性均能够正向预测亲密关系满意度，而神经质则能够负向预测亲密关系满意度。在外向、随和和尽责方面得分较高的人拥有更丰富、更愉快的亲密关系，外向随和的人经常体验到快乐和激情，拥有这些情绪的人往往有愉悦和有益的关系，因此这类特质的人更容易成为理想的配偶人选。神经质越强的人，对亲密关系的满意度就越低，这是因为神经质的人容易发火和焦虑，这些特质会引起关系中更多的摩擦和争执，因此幸福感更弱。

（四）自尊与亲密关系

自尊是自我结构的重要组成部分，是个体对自我的情感性评价。如果个体对自己的技能和特质持正面评价，自尊水平就高；如果总是怀疑自己，对自己更多地表现出负面评价，自尊水平就低。目前，研究者普遍得出的结论是自尊水平能够显著地正向预测亲密关系的满意程度。即，高自尊的个体拥有高质量的亲密关系，而低自尊的个体则相反。

根据自尊的人际关系理论，高自尊的个体对关系的质量更为敏感和积极，也会更倾向于去维护和发展关系，在恋爱中更多地持有成长的思维，他们相信美好的爱情需要不断的努力经营，这样才能拥有美好的、有质量的亲密关系。而低自尊的个体则相反，他们较少拥有成长性思维，认为关系是不变的，很难通过付出和经营去积极地影响关系。根据自我调节理论，无论自尊水平的高低，个体都更倾向于去接受与自我概念相一致的评价，即高自尊的个体会更倾向于接受关系中的正向评价，更积极地感知恋人对自己的看法，认为恋人是爱自己的，而低自尊的个体则相反。低自尊的人有时会低估恋人对他们的爱，从而损害亲密关系，还觉知到根本就不存在的恋人的漠视，他们很难相信恋人真的深深爱着自己，因此他们往往都对爱情持悲观态度。与高自尊者相比，低自尊的个体对恋人出现的负面情绪反应过度，会感觉到更多的拒绝，感受到更多的伤害，也更容易发火。在亲密关系发生冲突和矛盾的时候，自我评价更高的个体会拉近与恋人的关系，面对冲突，会化解矛盾，努力地修复亲密关系；低自我评价的个体则会防御性地把自己隔离起来，生闷气，不去面对冲突和矛盾，使关系变得更糟糕。

在恋爱关系中，当我们变得依赖他人的时候总要冒很大的风险，与恋人的紧密联系让我们享受到支持和关心的回报，但是如果发现恋人不值得信任，也会让我们容易受到背叛拒绝。高自尊的人因为对恋人给予自己的爱和关心充满信心，即使亲密关系出现困难也能和伴侣拉近距离。相反，低自尊的人持续地怀疑伴侣对自己的关心和信赖，所以一旦情况变不好就从爱人身边离去，从而保护自己免受伤害。我们都需要在与他人的联系和自我保护间保持平衡，但低自尊的人总把他们脆弱的自尊心放在亲密关系之前。因此，低自尊的人的自我怀疑和敏感脆弱使他们从无数的琐事中制造出堆积如山的问题。当提及爱人的缺点时，他们的反应过于强烈，错误地认为爱情之路上的磕磕碰碰是恋人拒绝承诺的不祥之兆。然后，又表现出令人反感、自我打击式的伤害和愤怒，完全隔断了自己渴望爱人的安慰。相比之下，高自尊的人对同样的磕绊会比较有信心地期望伴侣对自己的接纳和正面评价。

当你感觉自己处于低自尊的时刻，不妨做以下这个冥想，帮助自己提升自尊的能量。

练习：提升自尊的冥想

自尊宣言

我就是我，在这个世界上再也没有第二个我。我和某些人可能会有些许的相似之处，但却没有一个人能和我完全相同。

我的一切都真真实实地属于我，因为都是我自己的选择。我拥有自己的一切：我的身体，以及我的一切行为；我的头脑以及我的一切想法和观点；我的眼睛以及它们所看到的一切；我的所有感觉，即愤怒、喜悦、沮丧、友爱、失望和激动；我的声音，或粗犷，或轻柔；还有我的所有行动，不论是对自己还是对他人。

我拥有我自己的想象，自己的梦想，自己的希望，自己的恐惧。我的胜利和成功乃因为我；我的失败与错误也出于我。因为我拥有自己的全部，我和自己亲如手足。我学习跟自己相处，爱惜自己，善待属于自己的一切。

现在我可以为自己做一切了。我知道，我的一些方面让我困惑，另外一些则使自己不解。但只要我仍然善待自己、爱惜自己，我就有希望解决困惑和进一步认识自我。不管别人如何看我，不管那时我说了什么，做了什么，想了什么，感觉到了什么，一切都真真实实地属于那时的自我。

当我回想起自己的表现、言行、感受和思想时，发现其中一部分已经不再适合我，我会鼓起勇气去抛弃我不适宜的部分，保存经证实适宜的部分，创造新的以代替被抛弃的部分。我要能够看、听、感觉、说、做。我能够生存，能融入群体，能有所贡献，有所作为，让我所处的世界、我周围的人和事，因我的存在而井井有条。我拥有自我，那么我就能自我管理。

我就是我，自得其乐！

——选自弗吉尼亚·萨提亚《新家庭如何塑造人》

（五）归因方式与亲密关系

案例3：他没以前爱我了

微微和小爽是室友，她们的男朋友恰好是一个班的，因此两人经常一起分享恋爱中的秘密和苦恼。最近，微微总是跟小爽抱怨男朋友回信息很慢，经常几十分钟甚至一个小时以后才会回复她，微微觉得男朋友没有之前在乎她了。小爽劝导微微，也许是对方在忙其他的事情，这个时候不方便回复，还说自己也经常会遇到这样的事情，通常都是对方在忙，但是微微很难相信，她觉得再忙也应该有时间回复自己的短信，不回就是不爱自己的表现。微微经常因为这些生活中的事情感到苦恼。

归因是一种认知过程，是人们对自己和他人行为背后的原因以及影响因素做出解释的过程。影响亲密关系的另一个重要认知因素是归因方式。归因分为内控型归因和外控型归因。根据心理学研究理论，归因方式可以分为四个方面的归因点，即内部的、外部的、稳定的和不稳定的；其中两两排列共有四种组合：内部稳定的、内部不稳定的、外部稳定的和外部不稳定的。

每一个个体都是独特个性的存在，归因方式和亲密关系质量有密切关系。关系质量高的情侣和关系质量低的情侣在面对亲密关系发生的事件时会采用不同的归因方式，在归因方式上存在显著差别。从上述案例中，我们发现，微微总是把对方出现的不好的行为归结为对方内部的因素，这样非常不利于亲密关系的经营和维护。

研究发现，幸福的情侣在对方出现好的行为时，会认为是对方内部的稳定因素，是恋人本身的因素在起作用；当对方出现不好的行为时，会认为是情境等外部因素导致的。而不幸福的情侣则会做出相反的解释，会认为对方的好行为是情境因素导致的，不好的行为是内部稳定的因素引起的。在亲密关系的维持过程中产生的分歧，若把对方不好的表现归因于内部稳定因素会导致感情破裂无法维系；把对方良好的行为归因于外部不稳定因素同样不利于感情的发展；最有利于感情良性发展的归因方式是把好的方面归因于内部稳定因素，把不好的行为表现归因于外部不稳定因素，这样一来，就会让对方始终认为你是值得被爱和付出的，进而促进感情的理解和升温。

心理测试

开启者量表

每个人是否擅长引导别人进行自我表露的程度是不同的，研究者米勒等人开发了开启者量表来评价这一能力，得分高的人比得分低的人善于引导他人进行更多的关于亲密关系的暴露。下面可以测测你的得分，看你是否是一个高明的开启者。请认真阅读以下描述，选择你认为适合的选项并打"√"，"0"表示非常不同意，"4"表示非常同意。

表 2-1　开启者量表

序号	描　　述	非常不同意	不同意	不确定	同意	非常同意
1	人们经常告诉我关于他们自己的信息	0	1	2	3	4
2	人们认为我是个很好的倾听者	0	1	2	3	4
3	我很容易接受别人的观点	0	1	2	3	4
4	人们信任我，会告诉我他们的秘密	0	1	2	3	4
5	能轻松地让人"敞开心扉"	0	1	2	3	4
6	在我身边的人会感觉很放松	0	1	2	3	4
7	我喜欢倾听别人谈话	0	1	2	3	4
8	我对别人的困难很同情	0	1	2	3	4
9	我鼓励人们告诉我他们的感受	0	1	2	3	4
10	我能让人们不断地谈论他们自己	0	1	2	3	4

评分标准：将你的选项相加就可得到你的分数。

结果解释：女性平均分为 31，男性平均分为 28，将你的得分相加，如果你的得分高于平均分 5 分，那你就是非常高明的开启者；如果你的得分低于平均分 5

分，那么你的开启能力则需要提高。

罗森博格自尊量表

请认真阅读以下描述，选择你认为适合的描述并打“√”。

表 2-2　罗森博格自尊量表

序号	描　　述	非常同意	同意	不同意	非常不同意
1	我认为我自己是个有价值的人，至少与别人不相上下	4	3	2	1
2	我觉得我有许多优点	4	3	2	1
3	总的来说，我倾向于认为自己是一个失败者	1	2	3	4
4	我做事可以做得和大多数人一样好	4	3	2	1
5	我觉得自己没有什么值得自豪的地方	1	2	3	4
6	我对自己持有一种肯定的态度	4	3	2	1
7	整体而言，我对自己很满意	4	3	2	1
8	我要是能更看得起自己就好了	1	2	3	4
9	有时我的确感觉自己很没用	1	2	3	4
10	有时我觉得自己一无是处	1	2	3	4

计分标准：此量表为四级评分，总分为各项目之和。

结果解释：总分越高说明自尊水平越高。

10～17 分，低自尊水平；

18～24 分，一般自尊水平；

25～32 分，较高自尊水平；

33～40 分，高自尊水平。

资 源 共 享

图书推荐：《爱情心理学》

《爱情心理学》是 2016 年古吴轩出版社出版的图书，作者是美国心理学家和精神病学家霍妮。霍妮是与阿德勒、荣格、兰克、弗洛姆等大师齐名的精神分析学派的主要代表，霍妮所著的这本《爱情心理学》从爱情的各个方面，如恋爱对象的选择、激情、嫉妒、欺骗、背叛、沟通、依恋、分手、婚姻等对爱情做了全面的介绍，会使我们对爱情有一个更加全新的心理学视角的理解和认识。

电影推荐：《泰坦尼克号》(*Titanic*)

《泰坦尼克号》是美国20世纪福克斯电影公司、派拉蒙影业公司出品的爱情片，由詹姆斯·卡梅隆执导，莱昂纳多·迪卡普里奥、凯特·温斯莱特领衔主演。影片以1912年泰坦尼克号邮轮在其处女航时触礁冰山而沉没的事件为背景，讲述了处于不同阶层的两个人，即穷画家杰克和贵族女露丝抛弃世俗的偏见坠入爱河，最终杰克把生存的机会让给了露丝的感人故事。

第三章　爱的魔力三角

友谊和爱情之间的区别在于：友谊意味着两个人和世界，然而爱情意味着两个人就是世界。在友谊中一加一等于二，在爱情中一加一还是一。

——泰戈尔

身边的故事

在大学里，男生小亮和女生小媛相识于一场辩论赛上，他们分别是正方二辩和反方二辩，辩论场上，两人唇枪舌剑、针锋相对，尽全力为各自的队伍辩论，同时二人也被对方的口才深深吸引。辩论赛结束后，两人很快相识成为朋友。之后小亮约小媛一起吃饭，饭桌上小亮和小媛表白："小媛，我脑海中总是回忆起你辩论时的样子，阳光自信。我……我喜欢你，你愿意做我的女朋友吗?"小媛脸颊瞬间泛红，片刻后，笑着点点头。小亮开心得眼睛眯成了一条线。两人从此形影不离，除了上课和晚上回宿舍，几乎都在一起，一起吃饭，一起上自习，一起锻炼身体。转眼间到了大三，小媛提出，一起复习准备考研。小亮表面上爽快地答应了，但是内心很纠结。因为小亮的父母希望他出国深造，男孩不知道该如何向小媛开口，怕她伤心，就一直瞒着小媛。

直到有一天，小媛发现小亮书包里装着一本雅思习题册。小亮这才把实话告诉了小媛，并向小媛解释是怕她知道了难过伤心。小媛听后伤心离去，小亮给小媛发微信，打电话，都被小媛拒绝了。小亮找到小媛的室友，希望她们帮他转达自己的歉意，并且表示想见一次小媛，真诚道歉并好好地沟通一次。小媛同意了，答应见男生一次。小亮见到小媛后说："小媛，很谢谢你愿意来见我，我错了，不应该瞒着你。这几天我思考了很久，应该坦诚地告诉你我出国的打算。即使我出国了，我们还可以继续谈恋爱，毕竟现在通讯这么发达。"小媛沉默了一会，说："小亮，我这几天也想了很多，我不应该一直逃避你。我同意你的说法，只要我们彼此信任，异国恋也没什么大不了。"说完两人就和好了，之后他们开始更加努力地学习，为了各自的目标而奋斗。

想一想：

如果你是小亮，你会如何向小媛说明自己想出国的想法?

如果你是小媛，你听到小亮的解释后，如何和小亮沟通这个问题?

写一写：

大家可以把自己的想法写下来。

____

____

____

第一节　爱情三角理论

在许多有关爱情要素的研究中，最著名的理论成果出自美国耶鲁大学的心理学家罗伯特·J·斯腾伯格。1986年，斯腾伯格教授提出了著名的“爱情三角理论”(Triangular theory of love)：各种不同的爱情都能由三个构成成分组合而成，即亲密(Intimacy)、激情(Passion)和承诺(Commitment)。

(一) 亲密

爱情的第一个成分是亲密，它是指在爱情关系中亲近、连属、结合等体验的感觉，包括热情、理解、沟通、支持和分享等爱情关系中常见的特征。简单来说，就是两人之间感觉亲近、温暖的一种体验。亲密包含十个要素：(1)渴望促进爱人的幸福；(2)与爱人共享喜悦；(3)对爱人高度关注；(4)在需要得到帮助时能指望爱人；(5)与爱人互相理解；(6)与爱人分享自我与所有；(7)从爱人那里得到情感的支持；(8)为爱人提供情感支持；(9)与爱人亲密交流；(10)肯定爱人的价值。

练习：爱之亲密量表

这个练习描述了在爱情中关于亲密的感受。现在请你想一位你爱得最亲密的人。如果你现在没有谈恋爱，那么请考虑你过去曾爱过的人。如果你从来没有谈过恋爱，那么请考虑你以类似方式关爱过的一个人。请根据自己的同意程度在每道题的前面进行打分。

请依据自己同意的程度给每一项评分，对照表如下：

1 → 2 → 3 → 4 → 5 → 6 → 7 → 8 → 9

完全不同意　　　　一般　　　　完全同意

1. 我很支持他/她能过得更幸福。
2. 我和他/她之间关系很好。
3. 在我需要时，我很信赖他/她。

4. 他/她也能在需要时信赖我。
5. 我愿意和他/她分享我自己以及我拥有的东西。
6. 我从他/她那里得到了许多情感支持。
7. 我给他/她许多情感支持。
8. 我和他/她沟通良好。
9. 在我的生活中，我非常看重他/她。
10. 我感觉与他/她亲近。
11. 我和他/她之间的关系让我感觉舒服。
12. 我感觉我真正理解他/她。
13. 我感觉他/她真正理解我。
14. 我感觉我能真正信任他/她。
15. 我可以向他/她分享我自己内心深处的个人想法。

结果解释：分数越高表明越有强烈的亲密之爱。请告诉我们你在情感最强烈时的感受。

（二）激情

爱情的第二个成分是激情，其主要特征为性的唤醒和欲望。激情常以性渴望的形式出现，但任何能使伴侣感到满足的强烈情感需要都可以归入此类。激情是引发浪漫之爱、身体吸引、性完美以及爱情关系中相关现象的驱动力，它来自激素，以生理冲动和肉体的强烈欲望为特征。简单说，就是见到对方，会有怦然心动的感觉；和对方相处，有一种兴奋的体验。在恋爱关系中，性的需要，是引起激情的主导形式，其他需要如自尊、援助、关怀、亲和、支配、顺从和自我实现等也有助于激情体验的获得。

练习：爱之激情量表

这个练习描述了在爱情中关于激情的感受。现在，请你在脑海中想着那个以你全部激情爱着的人。如果你现在没有谈恋爱，那么请考虑你过去曾爱过的人。如果你从来没有谈过恋爱，那么请考虑你以类似方式关爱过的一个人。请根据自己的同意程度在每道题的前面进行打分。

请依据自己同意的程度给每一项评分，对照表如下：

1 → 2 → 3 → 4 → 5 → 6 → 7 → 8 → 9
完全不同意　　　　一般　　　　完全同意

1. 只要见到他/她就会让我兴奋。
2. 我发觉一整天我都会频繁地想到他/她。
3. 我和他/她的关系非常浪漫。
4. 我发现他/她非常具有个人魅力。
5. 我认为他/她很理想。
6. 我无法想象另一个人可能会带给我像他/她带给过我的快乐。
7. 和其他人相比，我更愿意和他/她待在一起。
8. 没有什么比我和他/她之间的关系更重要的了。
9. 我特别喜欢和他/她保持身体接触。
10. 在我和他/她的关系中有一种“魔力”的东西。
11. 我崇拜他/她。
12. 我不能想象我的生活中如果没有他/她的情况会怎样。
13. 我和他/她的关系充满激情。
14. 当我看到爱情题材的电影和书时，我都会想到他/她。
15. 我对他/她充满了幻想。

结果解释：分数越高表明越有强烈的激情之爱。请告诉我们你在情感最强烈时的感受。

（三）承诺

爱情的第三个成分是承诺，它指投身于爱情和努力维护爱情的决心。承诺由两方面组成：短期的和长期的。短期方面，承诺指的是一个人做出爱或不爱另一个人的决定；长期方面，承诺指的是一个人维护爱情关系的承诺。承诺因素的这两个方面不一定同时存在。比如一个人决定爱另一个人，但是不一定愿意承担责任，或者给出承诺；又或者一个人决定一辈子只爱他/她，但不一定会说出口。

承诺在本质上主要是认知性的，而亲密是情感性的，激情则是一种动机或者内驱力。恋爱关系的“火热”来自激情，温情则来自亲密；相形之下，承诺反映的则是完全与情感或性情无关的决策。

爱情的三个成分既相互独立，又互相影响。尽管这三个因素都是恋爱关系中的重要成分，但是在不同的关系或一段关系的不同阶段，它们的重要程度是不一样的。

练习：爱之承诺量表

这个练习希望你描述在爱情中关于承诺的感受。现在请你想一位在爱情关系中你最想承诺的人。如果你现在没有谈恋爱，那么请考虑你过去曾爱过的人。如果你从来没有谈过恋爱，那么请考虑你以类似方式关爱过的一个人。请根据自己的同意程度在每道题的前面进行打分。

请依据自己同意的程度给每一项评分，对照表如下：

1 → 2 → 3 → 4 → 5 → 6 → 7 → 8 → 9
完全不同意 一般 完全同意

1. 我知道我关心他/她。
2. 我保证我会和他/她保持关系。
3. 因为我已经对他/她做出了承诺，所以我不会让其他人干扰我们的关系。
4. 我相信我和他/她的关系是稳定的。
5. 我不会让任何事情干扰我对他/她的承诺。
6. 我期望我对他/她的爱一直到永远。
7. 我会常常感觉对他/她有强烈的责任感。
8. 我认为我对他/她有强烈的责任感。
9. 我无法想象我与他/她的关系结束的情景。
10. 我能确定我对他/她的爱。
11. 我认为我和他/她的关系会长久。
12. 我认为我和他/她保持亲密关系是我做出的一个好决定。
13. 我打算继续和他/她保持关系。
14. 即使当与他/她很难相处时，我也会维持我们的关系承诺。

结果解释：分数越高表明你在感情中越看重承诺这一要素。

第二节 爱情的类型

在讲述爱情的类型前，我们先来看一个故事：

钱锺书在《围城》中将婚姻比作围城，城外的人想进来，城里的人想出去。可他和杨绛却是例外。许多年前，杨绛读到英国传记作家概括的最理想的婚姻："我见到她之前，从未想到要结婚；我娶了她几十年，从未后悔娶她，也未想过要娶别的女人。"杨绛把它念给钱锺书听，钱锺书当即回应："我和他一样。"杨绛答："我也一样。"

1932 年，杨绛在清华大学古月堂前，结识了钱锺书，两人一见如故，相见恨晚。一见钟情定终身，真实地发生在了他们两人的身上。这一遇，便是 66 年的陪伴。1935年，钱锺书和杨绛走进婚姻的殿堂。两人婚后，钱锺书考取英国留学生，赴英国牛津大学艾克赛特学院英文系学习。那时杨绛还没有毕业，但是考虑到自家这位清华才子从小生活在优裕的家庭环境中，被娇养惯了，除了读书之外，其他生活琐事一概不关心，尤其是不善于生活自理，处处得有人照顾、侍候他，于是她决定跟丈夫一起去英国。

杨绛说："我最大的功劳，是保住了钱锺书的淘气和那一团痴气。这是钱锺书的最可贵处。他淘气、天真，加上他过人的智慧，成了现在众人心目中博学而又风趣的钱锺书。"许多人常常感慨，再深厚的感情，也抵不过柴米油盐的消磨。杨绛与钱锺书却不同。他们懂得彼此，也会相互包容。

爱是需要学习的，与杨绛成为夫妻后，钱锺书慢慢也学会了体贴人。一天早上，杨绛还在睡梦中，钱锺书就在厨房里忙活起来。平日里"笨手笨脚"的他为夫人煮了鸡蛋，烤了面包，热了牛奶，还泡了英式红茶，给她悄悄端到了床上。杨绛说："这是我吃过的最香的早饭。"后来，钱锺书将做早餐的习惯延续了几十年，热牛奶，煮鸡蛋，烤面包，一做就做了一辈子。1947年，《围城》问世。钱锺书接受采访时说："这两年我的夫人为我付出了许多，让我专心写作，帮我拦了外界很多干扰，这本书应该属于她。她在我眼里是最贤的妻，最才的女。"钱锺书曾用一句话，形容他与杨绛的爱情："绝无仅有地结合了各不相容的三者：妻子、情人、朋友。"

1994年夏，钱锺书住进医院。杨绛每天去看他，送饭送菜。短短一年后，88岁的钱锺书永远离开了杨绛。这位老人只记得那一晚，丈夫强睁着眼睛看着自己，她说："你倦了，闭上眼，睡吧。"钱锺书用尽所有力气道出一句："绛，好好里(好生过)。"之后便永远地闭上了眼睛。临终时，钱锺书一只眼未合好，杨绛附在他耳边说："你放心，有我呐！"

上述故事中就包含了罗伯特·斯腾伯格在爱情三角理论中提出的每一个成分：亲密、激情和承诺。他对爱情三角理论的每一个成分都给出了清楚的解释，并用三角形来表示爱情的结构。这三个元素可以看作是三角形的三个顶点，"三角形"只是一种比喻，而不是一个绝对意义上的几何模型，每个成分的强度都可由低到高地变化，所以爱情的三角形可能有各种大小和形状，实际上可能存在无数的可能，在这里我们只考察几种相对纯粹的爱情类型，即某一成分非常低而其他成分充足的爱情三角形。爱情三角形理论是迄今为止最为卓越的爱情理论之一，它可以很好地描述和解释复杂多变的爱情形态。

爱情的三个因素通过组合可以构成八种不同类型的组合。每一种组合对应一种类型的爱情。在探讨下面几种爱情类型之前，我们要知道在现实生活中，这样明确定义的纯粹爱情体验或许并不多见。

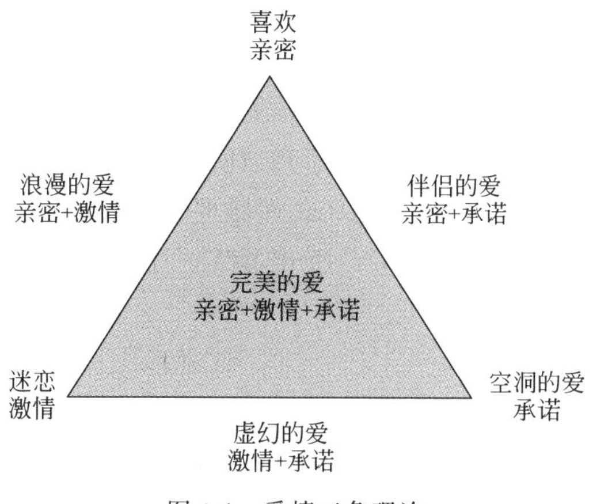

图 3-1 爱情三角理论

（一）无爱

如果亲密、激情和承诺三者都缺失，爱情就不存在。两个人可能仅仅是泛泛之交而不是朋友，彼此的关系是随意、肤浅和不受约束的。

（二）喜欢

当亲密程度高而激情和承诺都非常低时，就是喜欢。喜欢多表现在友谊之中，伙伴双方有着真正的亲近和温情，却不会唤起激情或者与对方共度余生的期望。显然友谊并不是爱情，喜欢并不等于爱情。不过友谊还是有可能发展成为爱情的。如果某个朋友能唤起你的激情，或者当他离开的时候，你会产生强烈的思念，那么你们之间的关系就已经超越了喜欢，变成其他类型了。

（三）迷恋

两个人之间只有强烈的激情，缺乏亲密或者承诺两个爱情要素，即是迷恋。当人们被几乎不认识的人激起欲望时就会有这种体验，他们认为彼此有强烈的吸引力，除此之外，对彼此了解不多，也没有想过将来。例如，李磊曾经痛苦地痴恋过一位在物理课上从未说过话的女生，日思夜想，却从来没有勇气去认识她。其实这种爱情就仅仅是激情，李磊对这个女生的爱就是迷恋。

一见钟情，也称为激情式爱情。现实生活中也会出现这样的特别场景：两个人萍水相逢，在一个喧哗的公众场所突然彼此目光交集，然后心灵中迸发出爱情的火花。一见钟情是一种奇异的感受和激情，会让人感受到前所未有的狂喜和至高无上的欢悦，仿佛整个世界突然变得美妙无比。虽然一见钟情不一定会带来幸福，但确确实实在生活中经常出现，而且很多人一直在追求这样的爱情方式。在这种爱情中，双方刚一接触即产生强烈的、压倒一切的激情并许下诺言，但彼此并不了解对方。不同的心理学派别对一见钟情的解释是不同的：古典精神分析认为这与儿童的恋父恋母情结有关；认知图式理论认为这是因为对方符合自己脑中的“爱之图”；社会认知理论认为这是第一印象和晕轮效应结合的结果。这些解释有相通之处，而且当“一见钟情”发生时，可能是多种原因的综合结果。

（四）空洞式的爱

没有亲密或激情的承诺就是空洞式的爱。这种爱常见于激情燃尽的爱情关系中，既没有温情也没有激情，仅仅在一起过日子。不过在由包办婚姻的社会中，空洞式的爱或许是配偶们生活在一起的第一个阶段，而不是最后一个阶段。

当然，你所经历的爱情或许不太符合上述的任何一种类型。这可能是因为这几种类型都缺失了爱情的一些重要成分。爱情是复杂的体验，如果我们把爱情的三个组成部分结合起来形成更复杂的爱情形态，也许会更加清楚。请看下面的爱情类型：

（五）浪漫之爱

浪漫的爱情有着强烈的亲密和激情，可以将其视为喜欢和迷恋的结合。人们常常会表现出对浪漫爱情的承诺，但斯腾伯格认为承诺并非浪漫之爱的典型特征。例如夏天的恋爱可能非常浪漫，即使双方都知道夏季一结束爱情也就走到了尽头。大学生之间的爱情多属于浪漫之爱。

大学生的浪漫之爱有明显的冲动性。一方面表现在感情升温快：恋爱就像撞击心岸的海涛，一旦出现便会久久不能平静，一浪高过一浪。从大学生初恋到热恋，过渡期很短，很难找到一个明显的分界线，甚至在较短的时间内就达到形影不离，一起学习、一同吃饭的程度，另一方面，其性冲动还表现为对情感的需求度高，且具有不轻易控制的特点。大学生的浪漫之爱还具有轻率性，一方面表现为在没有形成完整统一的择偶标准情况下仓促应对。有许多学生只是在好奇心、神秘感、性冲动等心理驱使下与异性一拍即合而出现恋情。由于恋爱开始就缺乏慎重的考虑，所以这种爱情往往经不起时间的考验，常出现恋爱挫折，造成不必要的苦恼和焦虑。另一方面表现在恋爱的动机上，许多人恋爱往往是为了找一个避风港。高校“三点一线”的生活方式使得许多人感到枯燥乏味，孤独与寂寞常常困扰着他们。于是便把爱情当作生活的调料，以满足情感的饥饿。由于恋爱的轻率性，使得大学生的恋爱基础十分脆弱，出现了高失败率。

（六）相伴之爱

亲密和承诺结合所形成的爱就是相伴之爱。相伴之爱的双方会努力维持深刻、长期的友谊，这种爱情表现出亲近、沟通、分享以及对爱情关系的巨大投入。

日久生情是一种相伴之爱，是一种习惯和发自心底的依赖，但是这样的感情才能够更加长久。**两个人在一起，刚开始可能会有一段磨合期，但是如果一旦度过了这个磨合期，就会慢慢进入一种彼此习惯的状态，从而产生对彼此的一种依赖感**。就像一个人习惯了每天有人照顾起居为自己做早餐一样，在得到的时候可能并不觉得非常珍贵，但是一旦失去了，就会非常难过，谁也说不清楚究竟是为什么，这可能就是所谓的依赖感吧。

另外，一个人如果经常看到一个人的话，那两个人就会变得越来越亲切，这也就是所谓的多看效应。因为人是群居动物，会有自己熟悉的圈子和人，与父母的关系不光是因为血浓于水，更多的是因为经常在一起而产生的那种微妙的联系。在爱情中也是一样的，你会忍不住地去惦记对方，可能你自己也意识不到，当你看不到他/她的时候，你会下意识地去问候一下，虽然只是一句简单的“去哪了”，但是在心底却能展露出你的关心。情感上的亲密和想要走下去的承诺是相伴之爱的典型特征。相伴之爱的典型例子是，仍拥有长久而幸福的婚姻。

（七）虚幻之爱

缺乏亲密的激情和承诺会产生虚幻的爱情体验即虚幻之爱。这种爱情会发生在旋风般的求爱中，在激情的基础上双方会闪电般地快速结婚，但彼此并不十分了解或喜欢对方。例如现代婚姻中的闪婚现象，有一部电视剧名为《闪婚》，该剧主要讲述的是“80后”的故事，首度将“闪婚”这一备受关注的社会现象搬上荧屏。

（八）完美之爱

当爱情的三个成分——亲密、激情和承诺，都非常充足时，人们就能体验到“彻底的”或完美的爱情。例如上述故事中，钱锺书和杨绛的爱情就属于相伴之爱，经历了长久而幸福的婚姻。这是许多人都追求的爱情类型，但是斯腾伯格认为完美之爱和减肥很相似，短时间里容易做到，但很难长久坚持。

亲密、激情和承诺这三个成分在爱情关系中都很重要，然而爱情三角理论认为我们不能总是同时体验到这三个成分。事实上，我们并不爱恋的人也完全有可能勾起我们强烈的性欲望，而从我们依恋的人身上却可能感觉不到多少激情。在现实生活中，爱情三角理论所界定的爱情并非如此泾渭分明。人们对爱的实际体验是复杂的。我们要认识到这些爱情的类型实际上是有局限性的：没有一种关系完全符合其中的类型。同时，爱情的三个组成成分会随着时间发生变化，所以某对特定的爱情伴侣在不同时期可能会体验到各种不同类型的爱情。在爱情的三个成分中，激情是最容易发生变化的，也是最不容易控制的。所以我们会发现，自己对伴侣的欲望急剧飙升，随后又迅速消退，我们很难有意识地控制这些变化。但不可否认的是，爱情三角理论为研究不同类型的爱情提供了一个非常有用的理论框架。

第三节　爱情三角理论研究进展

（一）爱情三角理论的神经生理机制

美国心理学家海伦·费希尔认为存在三种既相互联系又截然不同的生物系统组成了爱情的构成成分。首先是性欲或性驱力，由荷尔蒙调控。性欲使得人们有了交媾的动机，从而促使人们成功地进行繁殖。其次是吸引力，促使人们追求他们所偏爱的特定的恋人。吸引力由特定脑区里控制奖赏情感的神经递质多巴胺(dopamine)和5-羟色胺(serotoin)来调控。例如当我们坠入爱河时，多巴胺水平就会上升，从而引起兴奋和欣喜，而5-羟色胺水平的下降可以给予我们足够的能量去不知疲倦地追求心动的人。神经递质的这种相互作用或许正是使人们感到身心愉悦、精神抖擞、乐观豁达和精力充沛，并能快乐地秉烛夜谈、通宵达旦的原因。最后是依恋，这里的依恋是指长期的伴侣关系所带来的舒适、安全的情感。这种稳定的情感使得夫妻们厮守在一起的时间足够长，从而能保护和供养他们年幼的子女。依恋驱动的是相伴挚爱，由神经肽催产素(oxytocin)调节(依恋的时间越长催产素含量越高)。所以，我们天生就具有演化而来的三个不同的生理系统，它们各自促进了人们的成功繁殖过程——它们也支持了这样一种可能的结果：激情、亲密和承诺，彼此很独立，在任何时间都能各自独立地发生强弱变化。

（二）爱情的类型学理论

除了根据爱情三角理论组合而成的八种爱情类型外，其他学者们也对爱情的类型学作出自己的贡献，提出了不同的爱情分类标准。

加拿大心理学家约翰·李采用爱情故事的卡片分类法对浪漫之爱进行分类，并提出了“爱情风格(Colours of Love)”的概念，认为主要有六种爱情类型，即激情型、游戏型、友谊型、实用型、利他型和占有型。在此理论基础上，美国心理学家克莱德·亨德里克和苏珊·亨德里克将六种爱情风格概化为六个维度，提出了个体认知空间的六维度模型，每个人都有一个爱情风格剖面图，个体在每个维度上的“量”得以描绘出来。

美国社会心理学家埃伦·伯奇德也对爱的分类进行了探究，提出了爱的四种类型，即依恋之爱、温情之爱、伴侣之爱(喜爱)、浪漫之爱。这四种爱的类型都是人类天生就有的积极的人际情感系统，每一种爱都有不同的激活成因和结果。而美国心理学者玛洛丽特·克拉克和琼·莫内则从爱的功能性意义的角度，提出爱是“共有应答性(common responsiveness)”的给予和接受，共有五种类型：帮助、为未来目标的实现提供支持、在与他人的协作中创造条件、在他人违约时表达关心以及象征，即在看似不需要的情况下，一方仍向另一方表达关心。

当然，在爱情分类学研究中，最有影响力、最为人们所熟知的爱情分类理论还是斯滕伯格所提出的爱情的二重理论，包括爱的结构亚理论(爱情三角理论)和爱的发展理论(爱情故事理论)。爱情三角理论是爱情分类理论中属于爱情的结构亚理论，之前已经进行了详细论述。在斯滕伯格的理论体系中，与此并列的是爱的发展理论，即爱情故事理论。每个人都会接触大量的爱情故事，而这些故事为我们提供了对爱情的认识，因此斯滕伯格提出了爱情的故事理论，目前包含了 26 种故事类型，如成瘾、艺术、商业关系、收藏、食谱、幻想等，每一种故事都有想法和行为的特征性模式，分别代表了不同的爱情概念。每个故事包含两个角色，可以对称，也可以不对称，故事随着个性和经历之间的互动而发展。当双方的爱情剖面图大致吻合(即双方或多或少偏爱某种爱情模式)时，伴侣在爱情关系中会感到更幸福。

心理测试

你的爱情类型是什么

下面这些题目是请你描述在爱情中的感受，请就个人真实的感受与经验进行回答。现在请回想一位你爱的人，如果你现在没有谈恋爱，请考虑你过去曾爱过的人。如果你从来没有谈过恋爱，请考虑你以类似方式关爱过的一个人。请认真阅读以下描述，选择你认为适合的描述并打“√”，“1”表示非常不同意，

“5”非常同意

序号	描　　述	非常不同意	不同意	一般	同意	非常同意
1	我和我的他/她是一见钟情	1	2	3	4	5
2	我和我的他/她之间有心动的感觉	1	2	3	4	5
3	我们的情爱热烈而令人满意	1	2	3	4	5
4	我觉得我和我的他/她是天造地设的一对	1	2	3	4	5
5	我和我的他/她在感情上能很快融入到一起	1	2	3	4	5
6	我和我的他/她能真正地互相了解	1	2	3	4	5
7	我和我的他/她符合我理想中的英俊/美丽的标准	1	2	3	4	5
8	我会在对他/她承诺时保持一点儿不确定	1	2	3	4	5
9	我相信我过去的事情不会伤害他/她	1	2	3	4	5
10	有时我会试图阻止我的他/她找其他的伴侣	1	2	3	4	5
11	如果我和我的他/她分手，我可以很快忘掉这段爱情	1	2	3	4	5
12	我的他/她知道我和别人的一些事情会很难过	1	2	3	4	5
13	如果我的他/她太依赖我时，我会和他/她保持一点儿距离	1	2	3	4	5
14	我喜欢与我的他/她以及其他一些人玩“爱情游戏”	1	2	3	4	5
15	我很难说出自己和他/她的感情是何时从友情变成爱情的	1	2	3	4	5
16	我们的爱情先需要一段时间的相互关怀	1	2	3	4	5
17	我希望与对方永远是朋友	1	2	3	4	5
18	我们的爱情是最佳类型，因为是经由长久友情发展起来的	1	2	3	4	5
19	随着时间推移，我们的友情渐渐与爱融为一体	1	2	3	4	5
20	我们的爱情是深刻难忘的友谊，而不是神秘莫测的情感	1	2	3	4	5

续表

序号	描　　述	非常不同意	不同意	一般	同意	非常同意
21	我们的爱情令人极为满意，因为它是从良好的友谊发展起来的	1	2	3	4	5
22	许诺之前，我会考虑我的另一半未来会成为怎样的人	1	2	3	4	5
23	在选择他/她之前，我会先仔细计划我的生活	1	2	3	4	5
24	我相信择偶最好是“门当户对”	1	2	3	4	5
25	对我的家人会有什么影响是我择偶的一个很重要的考虑	1	2	3	4	5
26	择偶的一个重要因素是对方是否会成为好的父/母亲	1	2	3	4	5
27	择偶的一个重要因素是对方对我的职业生涯的影响	1	2	3	4	5
28	在认定他/她为另一半之前，我会考虑我们是否能生出健康的小孩	1	2	3	4	5
29	当他/她和我之间发生问题时，我会寝食难安	1	2	3	4	5
30	假如我和我的他/她分手，我会很低沉，甚至想到轻生	1	2	3	4	5
31	有时候，我会因为恋爱而兴奋失眠	1	2	3	4	5
32	当他/她不关心我时，我会感到全身不适	1	2	3	4	5
33	从我爱上他/她后，很难在其他事情上集中注意力	1	2	3	4	5
34	当我怀疑他/她和别人在一起时，我会不舒服	1	2	3	4	5
35	假如他/她有一阵子忽视我，我有时会做出一些傻事来吸引他/她的注意	1	2	3	4	5
36	无论何时他/她遭遇困难，我都一定会帮他/她渡过难关	1	2	3	4	5
37	我宁愿自己受苦，也不让我的他/她难过	1	2	3	4	5
38	我的他/她快乐时，我才会快乐	1	2	3	4	5
39	我一般会牺牲自己的愿望而让他/她的愿望得以实现	1	2	3	4	5
40	我拥有的一切东西，我的他/她都可以随时取用	1	2	3	4	5

续表

序号	描　述	非常不同意	不同意	一般	同意	非常同意
41	即使我的他/她让我生气，我也全心且无条件地爱着他/她	1	2	3	4	5
42	我愿意为了我的他/她忍受一切	1	2	3	4	5

评分标准：

这42道题基于6种爱情类型。其中，情欲之爱：1～7题。游戏之爱：8～14题。友情之爱：15～21题。现实之爱：22～28题。激情之爱：29～35题。奉献之爱：36～42题。请把每个爱情类型上所有题目的分数相加，即为相应爱情类型的得分。

结果解释：

你在每个爱情类型上的总得分在7～35分之间。得分最高的爱情类型，反映了你对于爱情的态度，而得分最低的爱情类型则最不能反映你对于爱情的态度。

(1) 情欲之爱，也称浪漫之爱。一见钟情式的爱情较容易发生在这种类型之中。情欲之爱的人非常注重外表的吸引力，能很快进入爱情。

(2) 游戏之爱。这种爱情类型的人，从来不会把爱情当做严肃的事情。他们将爱情视为一场游戏，视自己为这场爱情游戏中的高手。虽然他们并不想给别人造成伤害，但事实上往往并不如此。

(3) 友情之爱。这是一种缓慢发展的爱情，恋爱关系是从友情中慢慢演变而来。相似性在情侣间极为重要。

(4) 现实之爱。这是十分讲求实际的爱情类型。他们会站在现实的角度上，选择最符合其条件的人。这些条件包括家世、学历、能力、未来成就，等等。

(5) 激情之爱。对情人有强烈的依赖感、占有欲。他们的情绪常常两极化，总为恋爱对方的喜怒哀乐而牵动着。

(6) 奉献之爱。这是一种无私、给予的爱情类型。这种恋爱者视付出爱情为理所当然，永远把对方的快乐、幸福放在自己的面前，希望爱人一切都好而不求回报。

资源共享

图书推荐：《恋爱心理必修课》

《恋爱心理必修课》是2019年人民邮电出版社出版的图书，作者是段鑫星、李文文和司莹雪。该书以众多心理学家就爱情的研究与成果为基础，讲解了什么是爱情、爱情是如何产生的、不同年龄阶段的恋爱特点、男女处理感情时的不同心理依据、如何谈好一段恋爱并使其成为一段更长远的亲密关系以及如何处理已不必挽回的感情等方面的内容。为什么童年经历会影响你对恋爱对象的选择？为什么男女恋爱时的行为差距这么大？为什么相爱容易相处难？本书回答了人们对世间最美好的感情的诸多疑问。每一位想拥有高质量的亲密关系的读者，尤其是对爱情懵懵懂懂、莽莽撞撞的年轻人，都适合阅读本书。

电影推荐 1:《美丽心灵》(*A Beautiful Mind*)

电影讲述了英俊而又十分古怪的数学家约翰·纳什念研究生时便发明了他的博弈理论，短短 26 页的论文在经济、军事等领域产生了深远的影响，他开始享有国际声誉。但纳什出众的直觉受到了精神分裂症的困扰，使他向学术上最高层次进军的辉煌历程发生了巨大改变。

面对这个曾经击毁了许多人的挑战，纳什在深爱着他的妻子艾丽西亚的相助下，与被认为是只能好转、无法治愈的疾病作斗争。经过十几年的不懈努力，完全通过意志的力量，他一如既往地坚持工作，并于 1994 年获得诺贝尔奖，他在博弈论方面颇具前瞻性的工作也成为 20 世纪最具影响力的理论。而纳什也成了一个不仅拥有美好情感，并具有美丽心灵的人。

电影推荐 2:《珍珠港》(*Pearl Harbor*)

影片讲述雷夫与丹尼是从小一起长大的死党，两人对于飞行从小就十分有兴趣。长大之后，时间正值二次大战，两人一同加入美国空军。受训期间，雷夫结识了军中护士伊夫林，两人迅速坠入爱河。此时美军决定派出精英部队前往欧洲大陆，协助欧洲各国抵抗纳粹德国的侵略，雷夫自告奋勇前往参战。于是将伊夫林托付给丹尼照顾，不久之后欧洲传来噩耗，雷夫的座机在空战中不幸

遭德军击落，生死未卜。伊弗琳与丹尼得知噩耗后，只能互相勉励对方，但是爱情的幼苗却悄悄地萌芽。但在1941年12月7日，雷夫突然出现在伊夫林与丹尼驻扎的珍珠港。正当三人不知如何面对这个难题时，日军也悄悄地准备偷袭珍珠港。雷夫与丹尼又是好朋友又是情敌，还得一起并肩作战，随着太平洋战争的开打，两人只能将儿女私情暂时抛在一旁，共同为自由、正义而战。在主人公的爱情历程中，激情、亲密和承诺都有生动的呈现。

第四章　爱的冲突与沟通

几乎没有哪一种活动、哪一项事业会像爱那样，一开始充满着希冀和期望，而最后又常常失败……人们要放弃爱是不可能的，那么似乎只有一种合适的办法来克服爱的失败，这种办法乃是探讨爱的失败的原因，进而探究爱的意义。

——艾瑞克·弗洛姆

身边的故事：相爱容易相处难

小林和小莉是大学里令人羡慕的情侣，恋爱给彼此的大学生活带来了很多美好的体验，彼此都觉得找到了对的那个人，然而最近一段时间情况有一些变化。临近毕业的小林压力越来越大，论文进度比较紧张，情绪很容易急，与女朋友小莉约会时也多沉浸在自己的情绪中，很多时候小莉觉得小林并没有好好听自己说话。上次见面接到实验室导师的电话，让他近期报告一下论文进展，他担心自己做得不够好，一直心不在焉，为了赶工还提前离开了，为此小莉很不满意。这两天小林一直在忙自己的事情，导师看了论文后给了肯定的回复，他终于松了一口气，打电话约小莉吃饭，小莉接听后就挂断了，他才意识到对方真的生气了。小林该怎么办呢？

想一想：

你觉得小林在与小莉的相处中出现了什么样的问题？

如果你是小林，你会怎么做呢？

如果你是小莉，你会怎么做呢？

写一写：

大家可以把自己的想法写下来。

____

____

____

第一节　解析亲密关系冲突

（一）亲密关系冲突的事实真相

许多亲密关系确实存在大量不愉快的事件。特别是已经携手走过热恋期的情侣们，彼此有了更多的安全感，随着关系稳定性的提高，彼此也会不自觉地把真实的自我呈现出来。只要关系存在，关系中的个体就一定会有差异，有差异就会有冲突。根据正在恋爱的大学生的自我报告，他们每周平均会发生几次恼人的吵闹，算起来每天至少会有一件令人沮丧的麻烦事发生。在感情初始阶段，双方都会对恋情倾注很多浓情蜜意，这也必然增加产生摩擦和冲突的概率。

长期保持的亲密关系显然会发生很多让人生气和恼怒的事件，这点或许超过一些人的想象。鉴于长期亲密关系冲突的不可避免性，许多人在决定是否要把恋爱关系发展为稳定的婚姻关系时要参考的标准，不是有多欣赏对方的优点，而是是否可以容忍对方的缺点。

美国心理学者苏珊在《因为爱情：成长中的亲密关系》中说，与朋友关系一样，伴侣之间彼此关系越深厚，互相依赖感越强烈，自然也有更多的概率点燃幸福的蜡烛或冲突的导火索。

（二）亲密关系冲突的原因分析

人和人之间产生亲密关系，最根本的原因就是需要和被需要。在亲密关系中，需求未满足是冲突的根本原因。这可以用人际需求理论进行解释。上面的案例中，小林的包容需求和小莉的感情需求都没有得到很好的满足，影响了亲密关系的质量，导致了冷战。美国心理学家威廉·舒茨提出了人际需求理论，包括感情需求、包容需求、支配需求。

其中，感情需求是指个体爱别人或被人爱的需要，是个体在人际交往中建立并维持与他人亲密的情感联系的需要。案例中小莉需要在关系中感受到被爱，但小林由于外在的压力，沉浸在自己的情绪中，关闭了对外界的关注，更忽略了小莉的感受，可以说，双方的情感需求都受阻了。

包容需求是指个体希望与人接触、交往、隶属于某个群体，与他人建立并维持一种满意关系的需要。包容需求是人际关系中最基本的要求，它奠定了成年后亲密关系中回避或趋近的行为基础。早年的包容需求被满足了，个体就会发展出适度的社会行为，根据情境和自己的需要主动选择参与或退出社会交往行为；反之，如果包容需求没有被满足或过分满足，个体会产生焦虑情绪，过分回避或寻求与人接触、寻求他人的关注，可能发展出不适当的社交行为，如回避与人建立关系或者热衷于与人建立关系。

支配需求是指个体控制别人或被别人控制的需要，是个体在权力关系上与他人建立或维持满意人际关系的需要。亲密关系中保持权力平衡，会使双方都感觉很好，这是双方的支配需求都得到满足的表现。比如，一对相处默契的情侣，在计划一次周末短途旅行时，男生负责交通出行等事宜，女生负责行李准备和饮食路线等事宜，这是彼此相处中已经约定俗成的习惯，双方各有自己的权力范畴，且互相认同，可以预测的是这将是一场默契而愉快的旅行。

第二节　大学生恋爱关系冲突

（一）大学生恋爱观的差异

2018 年，中国青年网对全国 1498 名大学生开展了问卷调查，结果显示：有 2.07%的大学生反对大学期间谈恋爱，认为“浪费时间，影响学习”；近七成大学生谈过恋爱，其中超四成的恋爱对象为同校同学，道德人品和性格长相，是大学生最看重的两个恋爱条件；超七成大学生认为“恋爱使学习和生活更有动力”；超六成大学生表示“如果遇到爱的人会考虑以后结婚”。这个调查中，可以看出大学生对于是否在大学期间谈恋爱、恋爱的条件、恋爱的影响和结果等方面都有共识和差异。

美国心理学家雷慕德·尼(Koee)的关系内隐理论(Implicit Theory of Relationships)，将爱情观分成了两种类型：宿命型和成长型。宿命型的人，相信命中注定会遇到对的人，相信在这个世界上存在和自己各方面契合度高的人，会对恋爱对象有自己的理想标准，因此在相处中，也可能因为对方不符合自己的标准而引发冲突。而成长型的人，则认为爱情双方应该共同成长，更相信矛盾是可以解决的，并且愿意积极主动地解决。

关于恋爱观，除了上述关系内隐理论中介绍的两种类型，根据个体内心在恋爱中看重条件的不同，呈现出不同的恋爱价值观，当然爱情价值观近似的恋人之间遇到冲突后会更容易达成一致。恋人之间可以借助下面的练习做一下评估。

练习：爱情价值观核检表

如果每个人有 1000 个生命单位(代表可以付出的时间精力)，请对您所重视的项目分配您愿意出价的单位。规则如下：

1. 不必对所有项目出价，只要对自己感兴趣的项目出价。

2. 以 10 为单位出价，例如 10、20……110、120……990、1000。
3. 恋人双方均填写爱情价值观核检表。
4. 双方分享彼此的爱情价值观核检表。
5. 分享之后再来看自己的爱情价值观，允许调整。

表 4-1　爱情价值观核验表

序号	爱情价值观项目	出 价 单 位	调整后出价单位
1	温柔体贴		
2	外表及身材		
3	有才华		
4	身体健康		
5	个性合得来		
6	共同兴趣		
7	浪漫		
8	容易沟通		
9	接纳我的缺点		
10	各自的空间		
11	有钱		
12	有很多时间在一起		
13	了解我		
14	互相信任		
15	孝敬父母		

（二）恋爱冲突中的行为反应

美国心理学家罗兰·米勒在《亲密关系》中分享一段恋爱，有三个阶段必须要经历：吸引与建立、热恋与浪漫、冲突与磨合。冲突和磨合这个阶段，即恋人之间如何看待和解决冲突，对恋爱的影响尤其显著。沟通的程度、恋爱投入的时间和精力、两人是否拥有共同兴趣、恋爱双方是否彼此信任以及家庭因素，都可能是影响恋爱冲突的因素。关于恋爱冲突的行为反应，研究婚恋领域的学者给了我们很多的启示。

美国当代心理学家彼得森（2002 年）将激发冲突的事件分成四个常见类别：批评、无理要求、拒绝、累积的烦恼。内夫和哈特（2002 年）分享亲密关系中的日常冲突主要表现在共处时间、兴趣爱好、人际关系处理、家庭分担、帮助和支持行为以及亲密感等方面。

荷兰心理学家鲁斯布尔特等（1986 年）指出，依据主动/被动和建设性/破坏性这两个维度评价亲密关系中的冲突行为，其可以分为四类。①退出行为(Exit Behavior)，具有主动、破坏性的特点。例如：一方对恋人大声吼叫或故意做出伤害关系的行为。②忽视行为(Neglect Behavior)，具有被动、破坏性的特点。例如：冷战或拒绝与恋人讲话。③协商行为(Negotiative Behavior)，具有主动、建设性的特点。例如：提出解决建议、积极协商等。④忠诚行为(Loyalty Behavior)，具有建设性的、被动的特点。例如，在冲突中包容对方的情绪、等待对方消气等。

了解自己和恋人在恋爱冲突中的行为反应，可以帮助彼此更好地理解对方，也可以通过沟通了解彼此期待的行为反应，以便在相处中做出积极的调整。

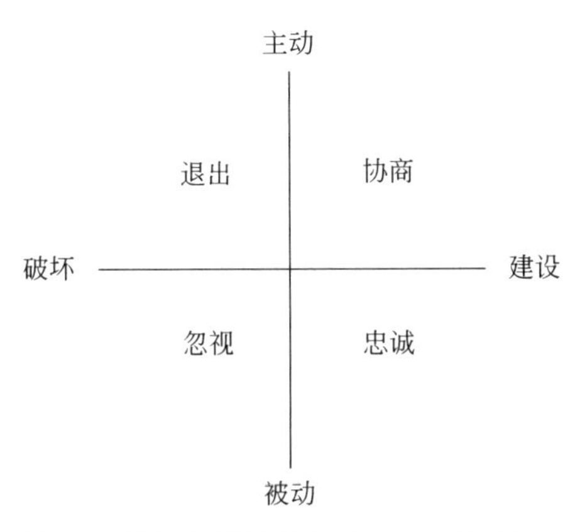

图 4-1　冲突的行为反应(Rusbult 等，1986)

练习：恋爱冲突的行为反应

你在恋爱冲突中常见的行为反应是什么呢？

____

____

你的恋人在恋爱冲突中常见的行为反应是什么呢？

____

____

(三) 恋爱冲突的归因

视角不同，我们对于冲突的归因不同，是冲突持续和升级的重要根源。所有人都可能受到行动者-观察者效应的影响。行动者-观察者效应指的是，当我们在做一件事时，作为行动者，会更多地留意到周围的情境，而将行为归因于外部的环境因素；而他人作为观察者，则会将原因归结于行动者本身的个性或态度等稳定的内部因素。尽管伴侣之间对彼此有着深入的了解，仍然会受到强烈的行动者-观察者效应的影响。在吵架的时候，如果一方想：“她的脾气真大，真麻烦，该学着控制一下啦！”另一方可能这样想：“他这么斤斤计较，我以前怎么没有发现呢！”

站在行动者的角度，我们很难认识到做一件事时自己的不足，很容易找到外部原因来为自己的行为找到解释。比如，女生抱怨男生周末约会没有安排好，男生第一反应是：“这周任务太多啊，压力大，我也想好好约会，可是不怨我啊。”

站在观察者的角度，我们很容易看到别人的不足，而很容易忽视外在的因素。比如，约会对方迟到了，可能会抱怨对方总是不遵守约定；如果自己迟到了，可能会解释说是交通太拥堵了。

通常，找自己的不足太难了，找别人的不足则很容易，因此想改善亲密关系中的冲突，还必须去正视行动者-观察者效应。

练习：行动者-观察者效应

你自己或者你观察到的其他人身上出现过行动者-观察者效应的情况吗？当时发生了什么事情？

____

____

第三节　亲密关系冲突应对策略

男友跟女友说：“亲爱的，你每次约会都迟到，让我等很久，你能不能注意一下这个问题，考虑一下我的感受啊。”

作为女友听到这句话时，会怎样回应？

A：啊，我不知道这会困扰你，多亏你提出来，下次我会注意的。

B：哦，是吗，那又怎样，我这人就这样！

C：你行了吧，真小气，就你挑剔。你又不是没有迟到过，我有你这么计较吗？是男人吗？我看有问题的是你。

如果是你，你会选择以上哪个回答呢？或者你有其他回答也可以写下来。

____

____

（一）冲突应对五策略

美国的行为科学家托马斯和他的同事克尔曼提出了一种两维模式，按照潜在意向是关心自己还是关心他人两个维度来分，即合作性（一方愿意满足另一方愿望的程度）和自我肯定性（一方愿意满足自己愿望的程度）。按照这两个维度，把面对冲突的策略分为以下五种：竞争（自我肯定但不合作）、合作（自我肯定且合作）、回避（自我肯定且不合作）、迁就（不自我肯定但合作）、妥协（合作性与自我肯定性均处于中等程度）。我们用“一个橘子的故事”来简单解释一下这五种冲突应对策略的区别。比如，现在有一个橘子，你想要，我也想要。如果我不管不顾，抢先把橘子抢到，这是“竞争”方式；我们都不想争，大家都不要这个橘子，这是“回避”；如果我考虑到你更需要这个橘子，故而把橘子让给你，这是“迁就”；如果我们把橘子掰开，一人一半，这是“妥协”；如果我们能坐下来共同探讨为什么想要这个橘子，原来我要吃橘子肉，你要的是橘子皮做糕点，这样我们两个人的需求都得到满足，这种方式就是“合作”。

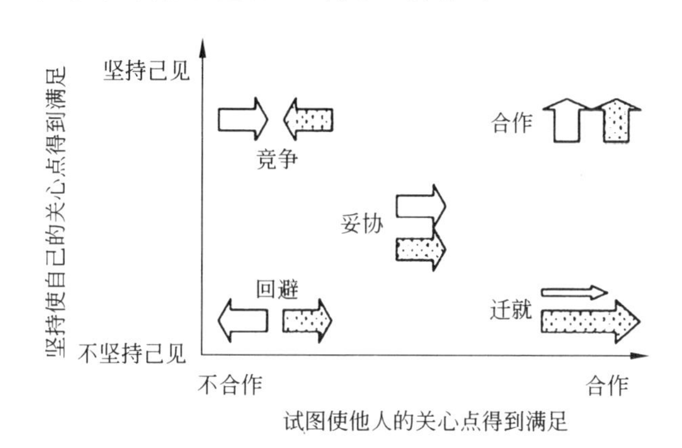

图 4-2　五种冲突策略（托马斯、克尔曼）

1. 竞争策略

竞争策略是一种“我赢你输”的策略，当在冲突中寻求自我利益的满足，而不考虑对冲突另一方的影响时，就会采用竞争的做法。例如，恋人之间发生冲突时，一方试图说服对方自己是正确的而对方是错误的，把冲突产生归结于别人。

2. 回避策略

回避策略是指冲突一方试图将自己置身事外，任凭冲突事态自然发展，以逃避或抑制的方式处理冲突问题，回避与自己不同的其他意见。例如，当一对恋人发生冲突时，一方采取暂时不见面的方式，试图回避冲突。

3. 迁就策略

迁就策略是指为了维持相互的关系，一方愿意考虑对方的要求，屈从对方意愿，压制或牺牲自己的意愿。例如：一方不喜欢吃辣，但一起点菜时，因为对方喜欢吃辣，而选择多点辣的菜。

4. 妥协策略

妥协策略是指双方实力相当，任何一方的意愿都被考虑到，但也都有一定的妥协，彼此都不能强迫或压服对方。例如，一对情侣即将步入婚姻殿堂，他们关系磨合得好的秘诀就是每人都有自己的权力领地，而对方是尊重的，比如在居家购物上由女生来做决定，在电子产品开销上由男生来做决定。

5. 合作策略

合作策略是指冲突双方既考虑自己意愿满足的程度，又考虑使他人意愿满足的程度，尽可能地扩大合作利益，追求冲突解决的"双赢局面"。例如，一对恋人周末约会时，女生想去逛街，男生想去打篮球，他们协商的结果是女生先看男生打一场篮球，为男朋友加油，然后男生再和女生一起逛街。

（二）冲突应对五部曲

化解冲突可以让亲密关系更加融洽，冲突应对的技能是在彼此相处的磨合中积累的。概括来说，化解冲突可以从正视冲突、正视需要、保持觉察、正视对方和解决冲突几个方面实施。

1. 正视冲突

冲突是关系的一部分，只要关系在，就一定会有冲突。一段关系并不是冲突越少就越健康。健康的关系在于有效地解决冲突。可怕的不是冲突，而是我们害怕冲突，担心冲突会破坏关系，没有正视冲突。冲突是双刃剑，解决不好可能有破坏作用，成为危机；但同时，冲突也可能是一种转机。冲突反映的是现实中亲密关系尚有许多值得改进的地方，如果双方都能直面冲突，分享彼此的看法和感受，开诚布公地交流，反而可以促进情感的亲密性。

2. 正视需要

正视需要是指觉察冲突背后的内心需要是什么，并且正视这个需要。大学校园中的蒋平和李娜是一对恋人，整个学期都在忙碌中度过，为了好好放松一下，两人打算花一周时间去旅行。考完试后，蒋平向李娜出示了已经付款的行程单，然而让蒋平出乎意料的是李娜并没有十分开心，反而说他自作主张，不尊重自己。结合威廉·舒茨提出的人际需求理论，这个例子中李娜的支配需求没有得到满足，蒋平预定行程时没有征求李娜的意见，导致亲密关系中的权力失衡。在冲突发生时，要及时觉察自己内在的需要是什么，觉察对方内在的需要是什么。看到需要，也就看到了改变的可能。

3. 保持觉察

在我们的相处中，冲突应对方式是什么？有哪些利弊？保持觉察可以让我们看清冲突的事实背后隐藏的期待和需要，照顾好自己和对方的需要，在冲突发生之前做好预防；在冲突发生之后，对彼此的应对方式有一定的分析和理解，并在此基础上积极改进。

练习：冲突的觉察日记

如果你还没有伴侣，就请你评估其他亲密关系（亲子、友情）中可能出现的情形。

表 4-2　冲突觉察日记表

1	冲突事件	
2	我的期待 （我想要你……）	
3	我的需要是	
4	你的期待 （你想要我……）	
5	你的需要是	
6	我的应对方式是	
7	你的应对方式是	
8	我可以改进的地方	

4. 正视对方

在亲密关系中，你有没有常常听到这些话：“如果你爱我，那你就应该知道我在意什么！”“如果你爱我，你就应该愿意为我而改变！”“如果你重视我，你就不会惹我生气了！”如果有，那你需要问自己一个问题——我有没有理想化对方？在理想化中，典型的句式就是：如果你爱我，就应该……如果你做了……就是不爱我。亲密关系中的理想化会让我们对伴侣抱有不切实际的期望，然而伴侣只是一个普通人，没有办法满足一个人全部的需要。正视对方，正视关系中的不完美，才能更加幸福。

5. 解决冲突

冲突解决就是冲突各方一起积极地定义问题，收集问题的信息，制定解决方案，最后选择一个最合适的方案来解决冲突，此时为双赢或多赢。合作是化解冲突的关键步骤，解决冲突的质量可以通过双方化解冲突的过程进行评估。合作不仅是一种值得推荐的冲突应对策略，也是积极解决冲突的一项具体技能。

第四节　亲密关系沟通过程

(一) 人际沟通过程理论

在传递信息的过程中，你以为对方接受了70%的信息，却可能发现他只接受到40%的信息，这就是人际隔阂。沟通是一个复杂的过程，需要留意沟通中传递的信息及信息代表的意义。在亲密关系中，通过传递者的行为，读懂沟通中传递信息的意图是非常重要的。我们可以从人际沟通过程理论来分析一下亲密关系中恋人之间的沟通是怎么发生的。

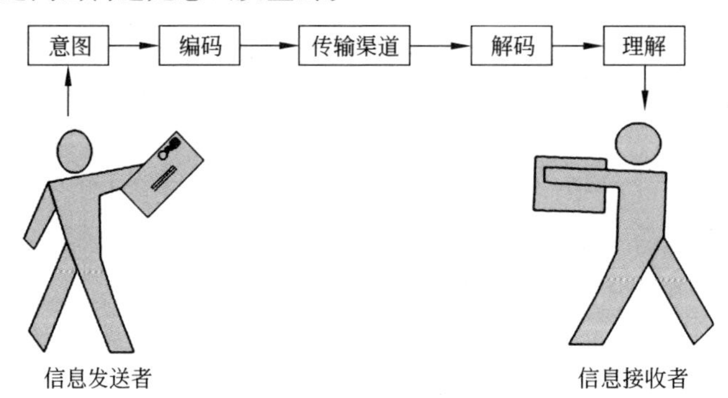

图4-3　人际沟通过程

信息发送者首先要明确沟通的意图，确定要发送的信息的真正内容，再通过编码环节将要发送的信息转换成某种形式，例如图形、声音、文字、动作、表情等，选择适当的传输渠道，将信息发送给接受者。信息的接受者在传输渠道上得到经过编码的信息后，进行解码，从形式中获得内容，然后经过理解后，得到信息发送者所要表达的意图。在这样一个过程中，任何一个环节的失真，都可能造成沟通的隔阂。

(二) 亲密关系沟通过程解析

我们假设一个表白的情景来说明，首先向大家提一个问题，如果是你，你如何向喜欢的人表白？

情景：孟兰和林枫同在学生会新闻中心摄影组和文字组工作，因为共同工作的关系，二人成了好朋友，孟兰发觉自己对林枫产生了超越朋友的感情。一次工作例会后，孟兰鼓起勇气向林枫发了信息，说："最近，我发现自己喜欢上一个同学，七夕节快到了，想买个礼物送给她，不知道女生都喜欢什么，你能陪我挑选一下吗？"对孟兰也有好感的林枫听到孟兰有了喜欢的人，内心很难过，于是以要写物理作业为理由拒绝了孟兰的邀请，独自疗伤去了，而孟兰以为自己已经暗示得很明显了，也许是林枫根本不愿意给自己机会吧。

就以上情境，我们来分析：

传递者意图：选择送礼物的方式向她告白；

传递者的编码特点：表达方式委婉含蓄；

传输渠道：发送文字信息；

接收者的解码特点：敏感矜持；

接收者的理解：他有喜欢的人了，他不喜欢我，我没有机会了。

通过这样的解析，我们可以看到传递者的意图和接受者的理解是不一致的，信息传递的中间过程受到传递者和接受者的解码特点、传播渠道甚至是外部环境的影响。亲密关系中，彼此解码特点相似的人更容易理解对方，解码特点差异大的人，更需要学会换位思考，在亲密关系的沟通中，才可能顺畅。

第五节　亲密关系中的沟通信息

沟通在亲密关系中非常重要。很多情侣都会有一种经历——说不清的冷战。起因是太期待另一半的理解，心中想着：你是我的伴侣，你怎么都不理解我呢？我都这么生气了，你应该来哄我啊。虽然内心知道自己也有不对的地方，就是不愿意主动开口，于是，自己虽然内心很别扭，但就是不愿意打破沉默，冷战就开始了。其实，遇到这样的情况时，如果能够冷静下来沟通一下，就会发现事情远比想象的要简单很多。只有说出来，才会真正懂得。美国作家纪伯伦说："一场争论可能才是两个心灵之间沟通的捷径。"亲密关系的磨合和苦尽甘来，与充分的言语沟通和恰当的非言语沟通是分不开的。

（一）言语沟通信息

设想你要参加一项心理实验，你会遇见一位陌生人，你的任务是逐渐地向此人透露越来越多的关于你自己的个人信息，例如你的家庭关系、曾经的尴尬境遇或者深深的遗憾。陌生人也这样做。45 分钟后，你们彼此有了更多的了解，会发生什么结果？相比于同样的时间内你们只是浅显的交谈，你会更喜欢这个陌生人吗？

自我表露是向他人透露个人信息的过程，它是亲密程度的指标之一。恋人之间的相互表露，是希望能够得到对方的理解、关爱、支持和尊重。如果恋人一方对言语沟通不敏感的话，就没有办法回应另一方的需要，久而久之，关系中的不满意就会积累。

社会渗透理论指出个体之间从表面化的沟通到亲密的沟通而经历的关系发展过程，揭示了自我表露的过程。多数人际关系是以肤浅的信息交流为起点的，然后再逐渐转到更有意义的自我表露。适度的自我表露可以在寻求友谊的同时，和其他同学和平共处，形成一个亲疏有别的人际关系网络，建立自己的社会支持系统。当亲密关系陷入困境的时候也会出现两种情况，一种是随着他们之间亲密度的下降，他们谈话的广度和深度减少了；另一种是虽然表露没有减少，但却是满腹的牢骚，这个时候的表露就像一把细长的匕首，给对方带来伤害。

沟通中存在性别差异：男性比女性更看重工具性的沟通（给出指示和命令的能力等），比如，男性倾向于坚持谈论更多客观、不带个人色彩的内容，讨论物品和活动；女性比男性更看重表达性的沟通（表达关爱和情感的能力），比如轻松自在地谈论自己的情感。两性都认为：伴侣要充分地表达出对对方的爱意、尊重和呵护，传达爱意的沟通信息是亲密关系不可或缺的。

（二）非言语信息

设想你参加一项研究，要戴着一顶受人尊敬或令人讨厌的帽子在街上走来走去，但你事先并不知道自己戴的是哪种类型的帽子。通过观察他人对你的态度和反应，你能推断出自己戴的是哪种帽子吗？

非言语沟通指我们除了口头言语的表达之外，通过对方的表情和动作就能判断其他人对自己的态度。非语言信息有很多种：

1. 面部表情

面部表达的内心信息是所有非言语行为中最丰富和最细腻的。面部表情具有跨文化的共同性，即使文化氛围不同，但是基本的情绪表达方式是相同的。在亲密关系中，需要通过面部表情来观察对方的情绪，是哀伤、高兴、恐惧，还是惊奇，这些很容易通过面部表情观察到。

2. 目光接触

注视行为，即使是仅仅看着别人，就能表达出自己对其有兴趣，不仅能表露单纯的兴趣，而且能传递关爱之情。恋人比朋友会更多地相互注视，朋友比一般的熟人也会更多地相互注视。有些人的目光暗送秋波，有些人的目光眉目传情。我们常说，给你一个眼神，你就知道要干什么了。在大学生的恋情中，一方对另一方产生了好感,通常有较多的眼神注视。

3. 身体语言

身体语言包括手势、姿势以及动作。不同的姿势和手势代表了不同的语言信息,亲密关系中的身体语言尤为重要,比如女孩子在某些人面前,会经常抬手弄一下自己的刘海或者整理自己脸上的乱发,都是为了让自己在某些人面前保持最好的状态。

4. 触摸

人类的皮肤是人们身体的边界,在这种边界下,有些文化中是不能触碰对方的皮肤的,有些文化中是可以的。比如,许久不见的朋友来个大拥抱,在经历长久的艰难之后,彼此之间来个紧紧地拥抱。这些就是一种触摸接触,也是一种非言语的表达。当两人的关系变得更加亲密时,身体的接触往往也会增多。身体接触显然能传达出亲密和关爱。

5. 人际空间距离

在与人进行沟通交流的时候,我们会或多或少地和他人保持一定的距离。比如,和爱人之间是亲密距离,和朋友之间是个体距离,和商业伙伴之间是社交距离,去听一些讲座或者演讲是公开场合距离。每一种距离都代表了彼此之间的舒适度,也让我们能够很好地运用这样的人际空间距离。

身体接触的一个重要前提是人际距离。美国人类学家爱德华·霍尔博士把人际距离分为四种:

(1) 亲密距离:0～0.46 米。这个范围的距离一般是面对面站着的人,不是恋人就是仇人。这一距离适用于恋人或夫妻间谈情说爱,也适用于父母与子女之间或是很要好的朋友之间谈话。这种距离只有最亲近的人才允许彼此进入。

(2) 人际距离:0.46～1.2 米。这个距离伸手可以握到对方的手,但不容易接触到对方的身体。这个范围的距离一般是好朋友或者好闺蜜,熟人的距离则更远一点。

(3) 社交距离:1.2～3.7 米。通常用于与个人关系不大的人际交往,这个范围的距离一般就比较事务化,比如和面试官的距离。

(4) 公共距离:3.7 米以上。这就是比较结构式的交往,比如课堂上的师生。

我们可以根据人际距离的远近来判断人们关系的远近程度。

第六节　亲密关系中的沟通模式

（一）萨提亚沟通模式

人与人之间的沟通，一般需要三个要素，即“自己”“他人”和“情境”。萨提亚沟通模式的观点是，根据沟通的三要素的不同，将生活中的沟通模式分为五种：指责型（只关注到情境、自己）、讨好型（只关注到情境、他人）、超理智型（只关注到情境）、打岔型（都没关注到）、一致型沟通（关注到自己、他人、情境）。前四种沟通姿态，都很容易给彼此带来不好的沟通体验，甚至引发不满和争吵。而一致型沟通，能给人以较好的沟通体验。

图 4-4　沟通中的自我—他人—情境图

图 4-5　四种典型的沟通模式

1. 指责型

指责型的沟通模式占人群的 30%，通常是攻击别人，只关注自己和环境，没有关注他人，试图表明不是自己的过错，让自己远离压力的威胁，常常忽略他人，习惯于攻击和批判，将责任推给别人。“都是你的错”“你到底怎么搞的”是他们的口头语。

2. 讨好型

讨好型的沟通模式占人群的 50%，通常是讨好别人，只关注他人和环境，没有关注自己，试图远离对自己产生压力的人或减轻自己因某些人所带来的压力。讨好型的人经常忽略自己，内在价值感比较低。言语中经常流露出“这都是我的错”“我想要让你高兴”“我不值得”之类的话。行为上则过度和善，习惯于道歉和讨好。

3. 超理智型

超理智型沟通模式占人群的15%，通常是没有关注自己和他人，逃避现实的任何感受，也回避因压力所产生的困扰和痛苦。他们告诫自己：“人一定要有理智。”“不论代价，一定保持冷静、沉着，决不慌乱。”这类人表面上很优越，举动合理化，而实际上，他们内心很敏感，有一种空虚和疏离感。

4. 打岔型

打岔型沟通模式占人群的0.5%，通常是对自己、环境和他人都不关注，经常改变话题来分散注意力，习惯于插嘴和干扰，不能专注在一件事上，避开个人的或情绪上的话题，不愿意真正去面对。让别人在与自己的交往时分散注意力，也减轻自己对压力的关注，想让压力因素与自己保持距离。

5. 一致型沟通

这种模式，它是美国心理治疗师萨提亚所倡导的沟通目标。建立在高自我价值的基础之上，达到自我、他人和情境三者的和谐互动。承认自己所有的情感，能很好地表达自己的想法，同时顾及他人的感受，且考虑到情境。在表里一致的行为和关系中，我们可以不带任何评判地接纳并拥有自己的感受，并且以一种积极、开放的态度来处理它们。

练习：沟通姿态

两人一组进行沟通的角色扮演游戏，每个人扮演不同的沟通姿态，互换角色，最后分享活动过程中的角色体验。

一人做指责姿态，另一人做讨好姿态，1分钟。然后换角色。

一人做指责姿态，另一人做指责姿态，1分钟。然后换角色。

一人做指责姿态，另一人做超理智姿态，1分钟。然后换角色。

一人做指责姿态，另一人做打岔姿态，1分钟。然后换角色。

一人做指责姿态，另一人做内外一致姿态。1分钟。然后换角色。

（二）共情式沟通

知乎上有一个热门话题：如果要评选出一份最令人讨厌的沟通方式榜单，你会怎么选？结果，讲道理名列前茅。在亲密关系中，你如果习惯讲道理，那么往往是赢了道理，输了感情。建设性的沟通是恋人之间分享感受、联结情感的良好渠道。关于建设性沟通，推荐丹麦心理治疗师伊尔斯·桑德的《共情沟通》中对共情沟通的建议。共情沟通的本质是，倾听者借助倾诉者言行，深入对方内心，体验其喜怒哀乐；倾诉者借助知识经验，把握倾诉者人格及其经历的联系，找到问题本质；倾听者把共情传达给倾诉方，以获得良好反馈。

共情沟通的三要素：

1. 倾听

美国心理学家约翰·戈特曼在《爱的沟通：写给男士的科学恋爱指南》中提到了非防御性倾听。防御性倾听是指在沟通的过程里，如果听对方说话的人觉得对方是在指责自己，或者对自己有负面评价，就会很警觉地在心里设一道屏障，用来保护自己。非防御性倾听是一种真实的倾听，是不具任何防御性的，即使你不喜欢这个信息，也应该倾听了解，而非立即做出回应。非防御性地倾听体现了倾听者对诉说者的关注和重视。

2. 复述

复述不是要你逐字逐句去背诵，或是把你耳朵听到的话重复一遍，而是用自己的话叙述对方的话，便于双方不断在对话过程中核对传达和接收信息的准确性，给倾听者和倾诉者创造协调同步的机会。

3. 共情

共情的目的是确认对方的感受，并告知其我们感同身受。美国心理学家杰弗里·伯恩斯坦在《为什么你不能读懂我的心》(*Why Can't You Read My Mind?*)一书中将共情比作伴侣间的"情感黏合剂"。

如何共情呢？简单来说，读懂对方的感受并给予适当的情感反馈。有的人对情绪线索很敏感，而有的人则在这方面先天迟钝。为此，我们给出了一些了解伴侣感受的方法。方法之一，观察身体语言。一对恋人吵架后，一方可以通过对方越来越高的声调、紧皱的双眉和严肃的脸庞知道对方的情绪已经被扰动了。方法之二，直接询问。

情境演示：

M：亲爱的，看你这个坐姿(非言语行为)，你是不是有事啊？

F：烦死我啦。

M：心烦啊——你能描述一下这其中的意思吗？(倾听+询问)

F：作为我的生日礼物，你竟然给了我一本烹饪书。你明知道我痛恨做饭。我简直气疯了！

M：我把烹饪书送给你当生日礼物，听起来你觉得我并不在意你想要什么东西。(复述)

F：我觉得你简直缺心眼，送礼物不是该送开心吗？

M：你对我送的礼物方式不喜欢啊，感觉我不懂你？(共情)

F：谁说不是呢？

M：我的本意是想让你开心啊，你不开心我也不开心，那你说我做什么你才能不生气了呢？

心理测试

托马斯-吉尔曼冲突模式测验

请想象一下你的观点与伴侣的观点产生分歧的情景。在此情况下你通常是怎样反应的？下列的几对陈述句描述了可能出现的行为反应。请认真阅读以下描述，请在最恰当描述你行为特点的陈述句前的字母“A”或“B”上划圈，每一对只能选择一个。

在许多情况下，A和B可能都不能典型地体现你的行为特点，但请选择你较可能使用的反应。

题目：

1. A. 有时我让他/她承担解决问题的责任
   B. 与其协商分歧之处，我力图强调我们的共同之处
2. A. 我试图找到一个妥协性解决方法
   B. 我力图考虑到我与他/她所关心的所有方面
3. A. 我通常坚定地追求自己的目标
   B. 我可能尝试缓和对方的情感，来保持我们的关系
4. A. 我试图找到一个妥协方案
   B. 我有时牺牲自己的意志，而成全他人的愿望
5. A. 在制订解决方案时，我总是求得对方的协助
   B. 为避免不利的紧张状态，我做一些必要的努力
6. A. 我努力避免给自己造成不愉快
   B. 我努力使自己的立场获胜
7. A. 我试图推迟对问题的处理，使自己有时间考虑一番
   B. 我放弃某些目标作为交换以获得其他目标
8. A. 我通常坚定地追求自己的目标
   B. 我试图将问题的所有方面尽快摆在桌面上
9. A. 感到意见分歧不总是值得令人担心
   B. 为达到我的目的，我做一些努力
10. A. 我坚定的追求自己的目标
    B. 我试图找到一个妥协方案
11. A. 我试图将问题的所有方面尽快摆到桌面上
    B. 我可能努力缓和他/她的情感从而维持我们的关系
12. A. 我有时避免选择可能产生矛盾的立场

B. 如对方做一些妥协，我也将有所妥协

13. A. 我采取折中的方案

B. 我极力阐明自己的观点

14. A. 我告知对方我的观点，询问他/她的观点

B. 我力图将自己立场的逻辑和利益显示给对方

15. A. 我可能试图缓和他/她的情感从而维持我们的关系

B. 为避免紧张状态，我做一些必要的努力

16. A. 我力图不伤害他/她的感情

B. 我力图劝说对方接受我的观点之长处

17. A. 我通常坚定地追求自己的目标

B. 为避免不利的紧张状态，我做一些必要的努力

18. A. 如能使对方愉快，我可能让他/她保留自己的观点

B. 如对方有所妥协，我也将做一些妥协

19. A. 我试图将问题的所有方面尽快摆在桌面上

B. 我试图推迟对问题的处理，使自己有时间做一番考虑

20. A. 我力图立即对分歧之处进行协调

B. 我试图为我们双方找到一个公平的得失组合

21. A. 在进行谈判调解时，我试图考虑到对方的愿望

B. 我总是倾向于对问题进行直接商讨

22. A. 我力图找到一个介于我与对方之间的位置

B. 我极力主张自己的愿望

23. A. 我经常地尽量满足我们双方所有的愿望

B. 有时我让他人承担解决问题的责任

24. A. 如果对方观点似乎对其十分重要，我会试图满足他/她的愿望

B. 我力图使对方妥协以解决问题

25. A. 我试图将自己立场的逻辑与利益显示给对方

B. 在进行谈判调节时，我试图考虑到对方的愿望

26. A. 我采取折中的方案

B. 我几乎总是关心满足我们所有的愿望

27. A. 我有时避免采取可能产生矛盾的姿态

B. 如能使对方愉快，我可能让对方保留其观点

28. A. 我通常坚定地追求自己的目标

B. 在找出解决方案时，我通常求得对方的帮助

29. A. 我采取折中的方案

B. 我觉得分歧之处不总是值得令人担心

30. A. 我力图不伤害对方的情感

B. 我总是与对方共同承担解决问题的责任

评 分 表

序 号	竞争/强制	合 作	妥协/折中	回 避	顺应/迁就
1				A	B
2		B	A		
3	A				B
4			A		B
5		A		B	
6	B			A	
7			B	A	
8	A	B			
9	B			A	
10	A		B		
11		A			B
12			B	A	
13	B		A		
14	B	A			
15				B	A
16	B				A
17	A			B	
18			B		A
19		A		B	
20		A	B		
21		B			A
22	B		A		
23		A		B	
24			B		A
25	A				B
26		B	A		
27				A	B

续表

序号	竞争/强制	合作	妥协/折中	回避	顺应/迁就
28	A	B			
29			A	B	
30		B			A
合计					

评分标准：

在每个序号后所选的字母上划圈(例如，序号1的两句陈述中，选择A或B，二者选一，在下表对应位置划圈)。

然后，计算出每一竖列中被划圈的字母总数，总数最多的即是测试者的冲突策略(例如，竞争/强制这一列计算所有字母(A和B)的总数)。

结果解释：参考本章“冲突应对五策略”

资源共享

图书推荐1：《爱的沟通：写给男士的科学恋爱指南》

《爱的沟通 ：写给男士的科学恋爱指南》是2018年浙江人民出版社有限公司出版的图书，作者是西雅图“爱情实验室”创始人、知名心理学家、婚姻关系专家约翰·戈特曼。戈特曼教授用40年的研究、近10000对情侣的实际测试结果表明，两性关系的焦点在男士身上！书中为迷茫的男士了解自己的另一半提供了详尽的方法与实用的指导。更教会读者如何建立正确、完整的婚恋观，成为爱的终身学习者。

图书推荐2：《爱的博弈》

《爱的博弈》是2014年浙江人民出版社出版的图书，作者是约翰·戈特曼和娜恩·西尔弗。爱情中有各种现象，有信任，有争吵，有冲突，有调和。该书源自爱情实验室中对近700对伴侣所做的科学研究，20世纪最具影响力的心理治疗大师、美国“婚姻教皇”约翰·戈特曼带我们走进爱情，了解爱情，认识爱情，更好地追求爱情。

电影推荐：《怦然心动》

《怦然心动》是由罗伯·莱纳执导，玛德琳·卡罗尔、卡兰·麦克奥利菲主

演的影片。该片根据文德琳·范·德拉安南的同名原著小说改编，描述了青春期中男孩女孩之间的有趣“战争”。相视微笑时朱莉心里的内心独白是“我意识到这些年来我们从没真的好好谈过”，而博斯的内心独白是“我知道我们接下去会谈很多、很多”。这表述的是“沟通”的重要性。

第五章　爱的维护与培养

爱情与成熟度有关。如果不努力发展自己的全部人格，所有爱的努力都会失败；如果没有爱他人的能力，不能真正谦恭地、勇敢地、真诚地和有纪律地爱他人，那在自己的爱情生活中也永远得不到满足。

——艾瑞克·弗洛姆

身边的故事：爱要如何走下去

李想和苏晴是一对恋人，大一刚入校不久，两人在一次社团活动中认识，互相被对方吸引，很快就确定了关系，大学校园的爱情浪漫又甜蜜，他们的恋情也成了社团的佳话。当然，随着关系的稳定，两人也经历了许多的磨合和考验，走过了一个又一个的春夏秋冬，即使是容易分手的毕业季，两个人也约定了要继续走下去。李想毕业后被一家发展迅速的互联网公司录用了，而苏晴留在学校继续读研究生。互联网公司的节奏很快，刚刚步入社会的李想变得越来越忙碌，两人见面的次数越来越少，而苏晴因为研究方向与导师有一些分歧，承受着一定的压力。更让她不开心的是，她感觉两人的关系越来越淡了，好像在他的心目中工作是更重要的，苏晴内心对是否继续走下去开始有了疑惑。

想一想：

你觉得李想与苏晴的相处中出现了什么样的问题？

面对感情中的考验，两人该如何维护呢？

写一写：

大家可以把自己的想法写下来。

____

____

____

第一节　保持爱的联结

（一）了解爱的奥秘

爱是什么？谈到“爱”时，我们知道这是一个美好的字眼。无论是妈妈对孩子的拥抱，年轻恋人之间的亲吻，还是老年夫妻之间的相互搀扶，我们都能够看到爱的温馨、美好和幸福。

爱情三角理论认为爱情由三个基本成分组成：激情、亲密和承诺。爱情的激情体现的是情不自禁被吸引的兴奋，是每日都想在一起的热恋感。爱情的亲密体现的是情感上的亲密，给人带来一种温暖的感觉体验。爱是一片冬日的阳光，使寒冷的人可以互相温暖；爱是一场洒落在久旱的土地上的甘霖，使彼此心灵得到情感的滋润。爱情的承诺体现的是对爱的预期，是爱情中理性的部分。"非你不娶，非你不嫁"，结婚誓词里说到的"我愿意"，都是对彼此关系的承诺。激情是"热烈"的，亲密是"温暖"的，而承诺是"冷静"的。

当我们去了解那些被爱情长久滋润的人时，经常听到"爱情需要经营"这样的说法。从爱情三角理论出发，我们可以说，那些长久地拥有和享受爱情的恋人们学会了如何在关系中保持亲密感和激情，并对未来的关系抱有积极的期待，保持了对爱的温暖和忠诚。

研究表明，处在持久而良好的亲密关系里（例如稳定的婚姻）的人们，要比没有亲密关系或糟糕亲密关系中的人们身心方面更为健康。

美国心理学者凯瑟琳·丁迪亚认为经营亲密关系的目的首先是使感情得以保持，然后是感情进一步发展稳定，最终使双方都感觉满意并有所收获。

（二）保持爱的温度

爱是恒久的温暖。每一段感情的初期都充满甜蜜与幸福，但是随着时间的流动，当激情慢慢降低以后，生活自然会趋于平淡。很多人觉得爱情好像变淡了，有的情侣无法度过这样的时期，对关系感到失望，进而放弃了爱情；而有的情侣则懂得经营感情，保持了爱情的温度，也在经营爱情中获得了成长。恋爱中的情侣该如何为爱情保温呢？

1. 欣赏伴侣

根据吸引力法则的奖赏总则，保持关系的温度，相看两不厌，彼此之间的吸引力依然存在，是因为个体可以从关系中不断获得奖赏。当一个人用欣赏的眼光看伴侣，总是能找到对方的闪光点，总是发自内心地赞美对方时，伴侣的内心感受是怎样的呢？满足了一个人被看到、被欣赏、被关注、被认可的需要，会激发起内心积极的感受和温柔的情感。爱人者，人恒爱之。被欣赏带来的愉悦强化了彼此关系的纽带，开启了爱的正向循环。

欣赏伴侣的最好时机是在日常生活中，温柔地对待自己的伴侣，发现和欣赏对方身上的优点。美国心理学家威廉·詹姆斯说过：人类最需要的是感到被欣赏。美国心理学博士盖瑞·查普曼多年致力于恋爱及婚姻领域的研究，认为恋爱关系中，肯定的言语是伴侣之间的爱语。

对伴侣的欣赏可以以怎样的方式传达呢？

A. 在伴侣的朋友面前称赞他/她。

B. 写小卡片，赞赏配偶的优点，放在某个地方，等他/她发现。

C. 写情书，在特别的日子里为对方写一封情书，写上你对他/她的欣赏和感谢。

D. 随时可以告诉对方他/她有多好（例如：你真让我动心，我的眼光真好；和你在一起很开心；你今天帅呆了。）。

E. 用眼神表达你的欣赏和爱慕。

F. 习惯关注伴侣身上那些值得欣赏和感激的部分。

2. 用行动表达感激

经常询问伴侣"如果这个星期我能为你做一件事情，你想要我为你做什么？"为对方做他/她喜欢的事需要投入时间和精力，这是一种无私的付出，是能够让对方感受到爱的很好的方式。爱表现在细节里，比如，下雨的时候你给他/她去送把伞；他/她累的时候，帮他/她捶捶背；在他/她心情不好时鼓励和陪伴他/她。

练习：行动清单

请伴侣列出一个单子，写下 3～5 件他/她希望你做的事情，并按重要程度排列。努力每周做一件。一个月后请伴侣给予反馈。

____

____

____

3. 亲密的身体接触

身体接触包括牵手、拥抱、抚摸、接吻、性接触等，恋人之间的身体接触可以传达出爱意，带来安全感和亲密感。盖瑞·查普曼说："爱情不需要很多时间，但需要深思熟虑。道别时的亲吻，见面时的拥抱，触碰你的伴侣只需要片刻，但简单的行为就能传达深刻的情感。"

4. 高质量的陪伴

高质量的陪伴指恋人之间一起度过美好时光，可以一起做喜欢的、感兴趣的事情。陪伴是最长情的告白。

美国心理学博士盖瑞·查普曼在《爱的五种语言》中给出了一些精心时刻的示范，可以供参考。

A. 去他/她喜欢的地方散步，聊一些他/她喜欢的话题。

B. 一起做一些他/她喜欢的活动,如徒步旅行、骑自行车、钓鱼等。

C. 去他/她喜欢的餐厅共进午餐/晚餐。

D. 请他/她列一张单子,写上他/她喜欢跟你一起做的5个活动。计划在接下来的5个月,每个月做一件。

E. 约定好每天在什么时候,花多少时间,彼此分享一些当天的事情/心情。

F. 每3个月来一次"History review"的夜晚。一起想几个关于了解彼此的问题,然后轮流分享。如:你小学时最喜欢和最不喜欢的老师是谁?为什么?

练习:

你和你的亲密爱人有哪些精心时刻的回忆?

____

你和你的亲密爱人对未来计划有哪些精心时刻?

____

5. 重视感情生活的仪式感

故事分享:小狐狸的仪式

狐狸对小王子说:"你每天最好在相同的时间来。"

小王子问:"为什么?"

狐狸说:"比如说,你下午4点钟来,那么从3点钟起,我就开始感到幸福。时间越临近,我就感到越幸福。到了4点钟的时候,我就会坐立不安;我就会发现幸福的代价。但是,如果你随便什么时候来,我就不知道在什么时候该准备好我的心情……见面,应当有一定的仪式。"

小王子问:"那仪式是什么?"

狐狸说:"这也是经常被遗忘的事情。它就是使某一天与其他日子不同,使某一时刻与其他时刻不同。"

仪式感是爱情保鲜的秘诀。《小王子》里的小狐狸指出了仪式感可以让某一时刻变得特别,在爱情中,这一时刻可以是重要的节日,如七夕节、情人节、周年纪念日、对方的生日等,也可以是日常生活中的某个时刻。它可以是某个周末的一顿精致的早餐,也可以是情人节的特别约会,总之是一个人愿意为恋人花心思做的事情,传递了对爱人的关心与体贴。

(三)保持爱的忠诚

英国作家阿兰·德波顿曾说:"爱情在任何意义上都是不完美的。爱上很容易,只需一时激情;维系爱情却很不容易,需得一生的修炼。我们该打破幻想，更务实，更健康，非本能地去爱。”忠诚是爱情的底线，是基于理性的一种选择。爱是对彼此关系的忠诚。忠诚于伴侣关系的人与不太忠诚的人相比，更加盼望亲密关系能维持，对待亲密关系的看法和行为方式也不同。

1. 对关系的积极觉察

忠诚的伴侣会以积极的眼光看待彼此，往往认为他们的亲密关系比大部分人要好，会忽略对方身上的某些缺点，更多地关注对方的闪光点。我们经常在朋友圈能看到这样的现象：当一对恋人确立关系时喜欢用“我们……”进行官宣。当忠诚的伴侣赋予恋人积极的评价时，其实也意味着对自己个人选择的肯定。陷入爱情中的人，看对方的眼神都是爱慕和崇拜的。忠于爱情的人会认为自己选择的人是那个对的人，自己的亲密关系是美好的。这种对亲密关系的积极知觉某种程度上维持了个体对于亲密关系的忠诚。

2. 对替代选择的无视

从理性的角度来看，爱情是一种承诺，是一种选择。特别是当爱情进入了稳定期，生活也变得平淡无奇，身边出现的替代选择成了考验爱情关系的挑战。2002 年，美国动物学家、心理学家巴拉什和美国精神病学家朱迪思·利普顿在《一夫一妻制的迷思》中指出，他们研究了近 5000 种哺乳动物后，发现绝大部分物种倾向于多配偶制，且这种倾向并没有体现出雄性与雌性的区别。本能上，人会天生对于出现的新异刺激感兴趣，保持忠诚是需要主动付出努力的。忠诚的伴侣会表现出对于替代选择的无视，主动与其他异性保持距离，这是对现有关系的一种保护和珍惜。

3. 主动付出的意愿

亲密关系的经营需要双方的共同努力，是否有主动付出的意愿是判断一段关系走向的重要指标。忠诚的伴侣往往愿意为另一半主动付出。例如，男生喜欢看球赛，而女生对这一方面不感兴趣，但是为了心爱的男朋友决定付出自己的时间，陪他一起看球赛，来促进亲密关系的幸福。女生喜欢吃辣，一起吃饭时，男生尽管不喜欢吃辣但还是有意多点辣菜，只为了让女生吃得满足，吃得开心。

4. 唤醒生命力

当伴侣能一起参与新奇的、具有挑战性的、令人兴奋的活动时，他们通常感到满足。很多时候一个人会对一些事情降低兴趣，也不全是因为事情本身如何，一部分是由于自己缺失了生命力。感情需要保鲜，精神状态也需要常常焕然一新。没有生命力，缺失了对生活的热情，也就没有了对爱情的积极关心和投入。问渠那得清如许，为有源头活水来。美国社会心理学家弗洛姆在《爱的艺术》中说，我一直相信，真正的爱情可以在对方身上唤起某种有生命力的东西，而双方都会因唤醒了内心的某种生命力而充满快乐。

如何唤醒生命力？

A. 从唤醒身体的活力开始，定期进行一项运动，并坚持下去。

B. 关注自己的情绪，开放地感受每一种情绪（喜怒哀乐……）。

C. 进行一些深度的思考，可以从读书做起。

D. 尝试一些从未做过的事情。

E. 与伴侣一起参加挑战性的活动。

5. 学会包容

亲密关系中的两个人时常会发生争吵。引发争吵的问题不是谁对谁错，而是你是对的，我也是对的，只是我们是不同的。如果非要争辩一个对错，也许赢了口舌之快，但输掉的可能是关系。亲密关系的本质是我们可以展现脆弱的一面，甚至是缺点。包容是人生当中很重要的一种能力，如果你不能在关系中包容对方的缺点，总是想改变对方，你就没有办法享受亲密。这个世界上根本就不存在完美的人，我们自身也带着许多不可更改的缺点，包容是接纳对方的缺点，接纳不完美的伴侣，也就是接纳自己，接纳自己对伴侣的选择。经营亲密关系是互相包容以达到双赢的生活艺术，学会在彼此差异的基础上创造和谐、幸福的生活。

第二节　留出爱的空间

案例 1：如何改变我的控制欲？

我是一个控制型男生，总是黏着女朋友，她对我一冷落我就找事吵架，控制欲有点强，表现为：不愿意对方和任何朋友出去，强烈地想知道对方的所有秘密，想了解对方的一举一动。我想要改变。我该怎么办？如何消除对女友强烈的控制欲？

（一）爱的控制有多少

案例 1 中的男生有这样的困惑和担心：我这样的控制欲合适吗？控制欲过强会不会影响我们的关系？我该如何改善呢？

无论男女，在感情中或多或少都会有一定的控制欲，控制欲本身不是什么坏事情，因为任何人都有一定的控制欲。情侣之间，控制欲的表现非常多，比如打电话希望了解对方的行踪，想知道对方和谁一起出行，要求对方及时回复消息。判断控制欲是不是合适，要看对关系的影响如何。亲密关系中的过度控制是指，总是忍不住怀疑伴侣，总是想让伴侣服从自己。有强烈控制欲的人认为爱一个人，首先就得掌控对方，对方才不会离开，而做出的一些行为，反而让对方感到有压力，无形中把对方越推越远。亲密关系如流沙，握得越紧，流走得越快。

如何识别爱情中的另一方是否是一个控制欲强的人呢？你可以参考这几个指标：

1. 总是批评你

对方总是借口为你好、帮助你，对你做的任何事情都表示不满，并想干预你的事，不论你怎么做，对方都能找到批评你的理由。批评是控制的一种方式，无论你做什么，在他/她眼中永远不够好。

2. 过分关注你的外表

对方监督你的饮食，劝说你去健身，干预你的穿着打扮，对你的健康和外表关心过度，一旦没有按照对方要求做，对方就会生气。

3. 不支持你交友

为了满足控制欲，对方会干预你交友，贬低你交的朋友，不同意你与异性朋友来往，希望时时刻刻都知道你在哪里，和谁一起，使得你和你的朋友渐渐疏远，暗自希望你不要有其他社交关系，只属于他/她一个人。

4. 情绪化

控制欲高的人往往情绪化，一旦事情的发展不如他们的期望，就会带来愤怒、失望和焦虑等负面情绪，很可能变得情绪失控。

5. 内心自卑

控制欲强的人通常对自己非常不满意，甚至根本不接纳自己，内心是无助的，他/她用控制来证明自己并不是无能的，其实是内心自卑的一种投射，他/她把这种不满投射给身边的人，被控制者常常会感受到被否定、无助及不开心。

（二）解析控制欲的原因

控制欲的产生与安全感的缺失、不安全依恋类型及过往的创伤经历有关。

1. 安全感的缺失

控制欲与不安全感有关。控制欲的出现，大多数是源自关心，这些关心是因为对方身上有不安全因素。所以说，适度的控制会传达出在意，是关系的催化剂；而过度的控制则会放大不安全因素，通过一些控制的行为意图降低这种不安全因素的影响，从而达到满足自身安全感的需要。例如，控制一方经常会对伴侣说“你这样做一点都不爱我！”“我不幸福不快乐都是因为你没做……”“你要按我说的做，才能体现你对我们关系的重视”。一个控制欲过强的人会希望外界的一切都按照他的需要、他的意志来运转，如果你不能做到，他们的内心是比较崩溃的，是很恐惧和缺少安全感的。

2. 焦虑型依恋

控制欲强，属于焦虑型依恋，也叫过度依恋，对别人的依恋永远处于焦虑当中，时刻担心会失去。焦虑型依恋的人由于缺乏安全感，会对伴侣有很强的控制欲。比如，焦虑型依恋的人要求恋人秒回信息，一旦没有回复，就会猜疑，担心对方不在乎自己，强化内心对于丧失的恐惧感，甚至会疯狂地给恋人打电话。

3. 过往的创伤经历

成长环境中父母对自己的过度控制和不接纳，或者遭遇过某种被欺骗的创伤，都是一部分人控制欲过强的原因。正是因为早年父母的控制剥夺了孩子自主控制的权利，出于成年后补偿的需要想要一切都在自己的控制之下。感情中被欺骗的人也容易把关系视为不安全，为了保证绝对的安全，会通过控制伴侣的方式获得内心的安全感。

（三）应对策略

1. 如果你在感情中控制欲强，可以参考以下应对策略

（1）理解控制欲的根源。控制欲的根源往往是安全感的缺失。一个安全感低的人可能表现出焦虑、恐惧、放大负面信号，并且更可能在亲密关系中实施控制，以实现短暂的占有。控制欲高的人，往往给关系带来负面体验，但谁也不愿意总按照别人的意愿生活，另一方如果对被控制反应激烈，可能双方会经常争吵，久而久之，影响了相处的愉悦。控制欲强的人本身也不希望是这样的局面，但又很难改变。理解自身控制欲的根源，内心的担心和恐惧具体是什么，看到自己控制背后的出发点和带来的结果，对于改变是一个不错的开始。

（2）学会管理负面情绪。关系中的控制，背后关乎的往往是对失去和失败的焦虑和恐惧。当伴侣不认同你，当事情的发展和你的期望不同时，你可能会很不舒服，担心发生失控的局面。这时候，你需要觉察到自己的生气、焦虑和恐惧等负面情绪，不要回避这种情绪，要学会用理性管理情绪，多反问自己：“我一定要伴侣按我想的做吗？这样对我们的关系真的有益吗？”当然也可以采用一些减压的技术，如深呼吸、运动、与朋友聊天、外出活动等方式释放负面情绪。

（3）直面真实自我。控制欲过强的背后是内心的冲突，主要表现为对自己的不接纳，对自己的不自信，不接纳自己的局限性和脆弱的一面，因此通过绝对的控制来竭力证明自己的强大。其实，真正的强大是不需要证明的。成熟、稳定的自我是敢于直面真实的自己，包括自己光明的部分和阴影的部分。尝试放下，相信自己内在是有力量的，不需要处处控制，顺其自然，接纳现实的自我。

2. 如果你的恋人控制欲强，他/她的控制欲未超出你难以忍受的范围，可以参考以下应对策略

（1）给予对方充分的爱，降低其不安全感。成人的恋情关系的本质也是一种依恋。焦虑型依恋类型的人会倾向于担心自己的伴侣是不是及时地回应自己、是不是给予自己足够的关注。焦虑型依恋类型属于不安全依恋，但也并不是一成不变的。随着后天生活经验的积累，一个人的依恋模式，会不断被新的经验一点点地更新和改写。研究证明，在一段安全的、滋养的亲密关系中，特别是伴侣是安全依恋类型，会增加对方的安全感。

（2）保持关系的界限。长久的爱情是互相尊重和互相支持的，爱情中的人是两个独立的个体，既有亲密也有各自的独立空间，亲密而有间才是爱情最好的样子。对于有控制欲的伴侣，我们要学会温柔而坚定地表达自己，告诉他你不能接受的是什么，你可以接受的是什么，保持关系的界限，为关系留出必要的个人空间。

对于健康、成熟的爱情关系，诗人舒婷在《致橡树》中给出了形象的表达，值得当代青年们借鉴：

我如果爱你——
绝不像攀缘的凌霄花，
借你的高枝炫耀自己；
我如果爱你——
绝不学痴情的鸟儿，
为绿荫重复单调的歌曲；
也不止像泉源，
常年送来清凉的慰藉；
也不止像险峰，
增加你的高度，
衬托你的威仪。
甚至日光，
甚至春雨。
不，这些都还不够！
我必须是你近旁的一株木棉，
作为树的形象和你站在一起。
根，紧握在地下；
叶，相触在云里。
每一阵风过，

我们都互相致意，
但没有人，
听懂我们的言语。
你有你的铜枝铁干，
像刀，像剑，也像戟；
我有我红硕的花朵，
像沉重的叹息，
又像英勇的火炬。
我们分担寒潮、风雷、霹雳；
我们共享雾霭、流岚、虹霓。
仿佛永远分离，
却又终身相依。
这才是伟大的爱情，
坚贞就在这里：
爱——
不仅爱你伟岸的身躯，
也爱你坚持的位置，
足下的土地。

(3) 保持关系的稳定性。稳定的环境会给恋人带来确定感，恋人的相处可以约定好相处的规则，例如外出了主动告知对方，定期联络，与对方分享自己的想法和感受等。

3. 如果你觉得对方的控制欲已经严重影响到你们的感情，给你带来很大的困扰，你无法再忍受这样的关系，可以考虑和对方和平分手。

第三节　培养爱的能力

案例 2：爱要如何走下去？

路远是阿玲的初恋，而阿玲是路远的第四任女友。尽管在开始阿玲就知道这个情况，还是情不自禁地被路远吸引了。路远高大、帅气、沉默少言，虽然是大家私下关注的焦点，但由于其高冷范儿，实际生活中很多人敬而远之，阿玲是主动接近他的。路远说自己喜欢阿玲的天真、热情和体贴，走过了热恋的浪漫期后，两人都觉得彼此还是很匹配的。本学期，路远参加了一个创业小组，经常与同组的成员聚会交流，阿玲想要和他一起，路远觉得是公事拒绝了她，但两人的私人约会明显减少了，为此阿玲很不满意。据阿玲的舍友讲，创业小组中的一位女生很喜欢路远，在阿玲的询问下，路远生气了，解释只是工作关系，认为阿玲是无理取闹，和以前的阿玲不一样了。在一次激烈的争吵中，路远说了分手两个字，但事后自己也很后悔。两人要面对的问题是：爱要如何走下去？

现实中，我们不难发现很多人单身并不是因为自己条件很差，而是爱无能。还有很多人谈过多次恋爱，但总是无法维持长久的亲密关系，是爱的能力不足。美国作家、医学博士斯科特·派克的《少有人走的路》认为爱是为了促进自己和他人心智成熟，而不断拓展自我界限，实现自我完善的一种意愿。爱是一种行动，是一种由意愿而产生的行动。当爱的能力不足的时候，爱的意愿和行动都会大打折扣，很难维持长久、稳定的亲密关系。对每一个想要收获美好亲密关系的人来说，学习爱的能力是非常有意义的，因为爱的能力是感情幸福的坚实基础。爱的能力包括能够主动给予爱的能力，对爱的感知、认知及接受能力，能够恰当地拒绝对方的能力，能妥善地处理爱的过程中的冲突，能够维持爱的激情的能力等。

（一）表达爱的能力

表达爱的能力是指懂得何时何地以怎样的方式去爱别人，这是亲密关系中最能滋养到彼此的部分。心里有爱还要会表达，爱的表达包括语言和行为。表达爱本身就是爱别人的一个过程。不同的人可能有不同的爱的表达方式，有的人喜欢用语言来表达爱，有的人喜欢用行动来表达爱；有的人会给所爱的人分享好吃好玩的东西，有的人会带爱人一起参加各种各样的活动，有的人会陪着所爱的人做喜欢的事情。爱的表达方式可以各种各样，重要的是一方做出的爱的表达是否被另一方接收到，这就涉及下面的这个能力：感知爱的能力。

练习：爱的表达知多少

请你在下面的两个心形中写出你和你的恋人对爱的表达方式，重叠的区域可以写上共同的表达方式。

图 5-1　爱的表达心形图

（二）感知爱的能力

有些人总觉得自己得到的爱不够，要不断向外寻求，索取他人的爱，有时候真的并非自己缺爱，而是缺少感受爱的能力。追根溯源，是这些人在原生家庭里，并没有学会如何去爱，父母用自己的方式爱孩子，而孩子需要的爱没有得到满足，亲子之间存在爱的代沟与分歧，孩子长大了也学会用父母的方式爱他人，导致亲密关系中爱的付出和获得出现偏差。

一个女孩在原生家庭中得到的表扬和肯定非常少，父母习惯挑剔，他们不是不爱孩子，只是不会直接表达爱的肯定，女孩表现好，父母会买玩具和零食奖励。成年之后女孩结婚，丈夫是一个理工直男，工作勤勤恳恳，但比较内向寡言。女孩认为丈夫从来不说甜言蜜语，不够爱自己，丈夫认为自己为这个家付出很多，是在用行动表达爱。无奈两人爱的频道不一致，导致爱的表达和爱的感知不对等。表达爱固然重要，检验对方对于爱的感知也很重要。

（三）拒绝爱的能力

案例 3：如何恰当说不？

凤凰网上的一则社会新闻，2017 年 3 月 21 日早上，杭州滨江某小区，一个"90 后"姑娘莎莎因拒绝男生薛同学的求爱，被对方推搡而从 19 楼出租房摔了下去。男生从 2009 年初中毕业后就开始追求莎莎，但莎莎一直没有明确答应做他的女朋友。男生去了美国以后，两人联系逐渐密切起来，经常通过微信联系。男孩在美国期间，会经常在网上给她买包包、鞋子等礼物，回国时也会给她带一些比较昂贵的礼物。回杭州后，男生再次向莎莎表白，但莎莎表示，还要对他再了解、考察。男生在法庭上也承认，他和莎莎没有过任何身体接触，莎莎也没有承认他是自己的男朋友。男孩这些年给莎莎买礼物、发红包，共花掉 4 万余元，没有回应的感情消耗了他的耐心。莎莎的朋友在证人证言中也说到，莎莎跟薛是十几年的老朋友，薛对莎莎一直很好，但莎莎已经拒绝了他。莎莎说拒绝是觉得两人性格不合，但男孩觉得不是，他认为是自己对莎莎还不够好。

这个案例中的悲剧不仅表现了男生对于爱的感知能力的偏差，也反映了女生拒绝爱的能力的缺失。

当一个人不爱对方或者认识到对方不爱你，只是好感、友谊或一时冲动；或者这个人不值得爱，如有暴力倾向、性格缺陷等，你可以拒绝接受对方的爱。

对自己不愿或不值得接受的爱应该有勇气加以拒绝。爱情来不得半点勉强和将就，在不希望得到的爱情到来时，要果断、勇敢地说"不"。拒绝爱的能力其一表现为对他人的尊重，要感谢对方对自己的感情；其二要态度明朗，表达委婉而明确，对那些非拒绝不可的求爱，措辞语气诚恳委婉，又要明确无误。既不要让人难堪或心生恨意，也不可含含糊糊、贻误他人，烦恼自己，即讲清和对方只能是什么样的关系。其三是行动与语言要一致。可能有些人怕对方受伤害，虽然语言上拒绝了对方，但行动上还是与对方有较亲密的接触，使对方容易误解。

（四）解决爱的冲突的能力

在爱的过程中，难免会出现一些不和谐的地方，能否妥善地处理，这是爱的能力的重要方面。有效的沟通，是解决冲突最有效的途径；而争吵、冷战、任性都不利于问题的解决。爱需要双方用建设性的方式解决问题。

练习：心理情景剧之恋爱冲突

老师呈现几个反映恋爱冲突的心理情景剧的场景，也可以请同学们自己撰写情景剧本，将同学们分成小组进行角色扮演，各小组经过讨论后进一步发展剧情，然后进行情景剧的现场表演，重点演出解决爱的冲突的方法。最后师生可以进行点评。

情景 1：青青和大鹏是一对恋人，走过了热恋的浪漫期后，恋情进入了平淡期，随着年级的升高，两人的学业压力越来越大，成了校园里聚少离多的恋人。这个月 10 日是两人认识的三周年纪念日，青青前几天还曾经委婉地提示过对方，然而当天大鹏完全忘记了，青青的内心非常失落，闷闷不乐的情绪并没有被大鹏察觉，大鹏的毕业论文被抽中盲审，比较焦虑和烦恼，两人都感觉很累，觉得不像之前在一起那样快乐与轻松了。

情景 2：梅梅和李雷从初中、高中到大学一直都在同一个学校，虽然中学时代忙于学业，交往比较少，但彼此印象很好。到大学后，因为共同的成长经历，彼此之间的共同话题很多，感情升温，大一的寒假，两人正式确定了恋爱关系。随着关系的拉近，李雷觉得梅梅好像变了，总是想要知道他在做什么，要求他不上课的时候就要陪着自己，他隐隐怀念以前的朋友关系，无形中想要逃离。

情景 3：阿宝和阿丽最近因为未来的规划产生了矛盾，两人的规划是毕业后在大城市工作，然而阿宝最近开始迟疑了。原因在于，阿宝的妈妈身体不太好，想要儿子回老家工作，离自己更近一些，可阿宝想在大城市工作，但又不想伤了妈妈的心，内心很冲突。周围的同学都开始积极找工作了，阿宝总是在行动上打折扣，为此阿丽非常着急。

（五）增进爱的能力

爱情是可以保鲜的，作为一个成熟的人，是有能力通过不断学习爱的艺术，提升自己的内涵、修养，完善自己的人格特征来获得保持爱情长久的能力。

美国心理学家罗杰斯说“爱是深深的理解与接纳”。电影《完美陌生人》中对于亲密关系有很好的揭示，电影中的三对夫妇分别处于新婚燕尔、七年之痒和老夫老妻三个婚姻阶段，本是一次普通的老友欢聚，然而因为一个分享手机内容的游戏，而暴露出各种关系中的矛盾，也揭示了维系亲密关系的法宝是理解和宽容，而不是刺探和斤斤计较。

爱伴随着成长。爱意味着主动地关心（concern）我们所爱的对象的生活和成长。美国作家、医学博士斯科特·派克的《少有人走的路》中对爱是这样描述的：爱是为了促进自己和他人心智成熟，而不断拓展自我界限、实现自我完善的一种意愿。真正的爱是两个独立自我的相遇和共同成长。杨绛与钱锺书初遇在清华，都有着自己热爱的事物，亦有着追寻梦想的力量。从清华到英国、法国，他们一同成长、一同进步。杨绛与钱锺书的爱情佳话在于双方都具有爱的能力，并在爱中互相陪伴，携手成长。俄罗斯作家车尔尼雪夫斯基认为爱情的意义在于协助对方提高，同时也提高自己。爱的最终目的，是能够帮助他人进步，也会使自我更加成熟。

练习：爱的冥想

亲爱的朋友，今天我们将要进行爱的冥想。请你保持一个舒服的姿势，坐着或者躺着都可以。闭上双眼，接下来，你可以用几分钟的时间去调整你的气息。将你自己的注意力放在呼吸上，简单地去关照一下自己的呼吸。看看你的呼吸是如何发生的。可以去想象你吸气时胸腔的变化，或者你吐气时鼻间的轻微的气流涌动。经由呼吸，我们可以更好地去到自己的内心，可以更快地沉静下来。

爱是幸福的种子。

爱所到之处都可以化暴戾为祥和，化忧伤为喜悦，化黑暗为光明。

爱是神圣完美、圆满具足，是富裕繁荣。

爱使我们善待所有的人，从不同的角度看待每一件事，从一个好的角度善解所有的事。

爱使我们心中没有怨恨，只有理解和祝福。

爱是时时刻刻、分分秒秒布满一切处所，爱无所不在。

爱使我们珍惜万事万物。

珍惜、欣赏、感恩当下的拥有，
接受爱的指引，以爱、善良与真心来表达自己。
爱让我们成为一个真心的、敞开的、经常表达爱与和平的人。
每一个人都渴望被爱；
生命中所有的经验没有好坏，都是在教导我们爱，
引导我们进入更高的生命进展。
爱使我们看不到别人的过错，
只看到别人的美好；
看不到别人的黑暗，
只看到别人内在的光亮。
爱使我们以健康、热情、充满活力的方式，来展示真实的自己。
爱自己的人，就有爱人的能力，
爱自己的人，不会伤害自己，更不忍伤害别人。
当我开始爱自己，我才开始爱人，
让这个世界回到它本来的样子。
这是一个彼此相爱的世界。

心理测试

亲密关系质量评估

亲密关系测试由美国丹佛大学心理学家史丹利博士设计，被公认为最简单有效的“爱情温度计”。请认真阅读以下描述，选择你认为适合的描述并打“√”，“1”表示从未或极少发生，“2”表示偶尔发生，“3”表示经常发生。

序号	描　　述	从未或极少发生	偶尔发生	经常发生
1	小小的争执，突然变成大吵，彼此凶狠对骂，翻出陈年旧账。	1	2	3
2	爱人会忽视我的意见、感受和需求。	1	2	3
3	我的话语或行为常被伴侣认为带有恶意。	1	2	3
4	有问题需要解决时，我们似乎总站在敌对的立场。	1	2	3
5	我不能很自然地告诉伴侣我真正的想法与感觉。	1	2	3

续表

序号	描　　述	从未或极少发生	偶尔发生	经常发生
6	我常幻想如果能换一个爱人，不知是什么滋味？	1	2	3
7	在爱情关系中，我觉得很寂寞。	1	2	3
8	我们吵架时，总有一方不愿再谈，开始逃避或离开现场。	1	2	3

评分标准：总分为各题目相加之和。

结果解释：

37 度爱情：如果总分在 8 分～12 分，说明你们的爱情温度恒定而健康。

38.5 度爱情：如果总分在 13 分～17 分，你们的爱情需要警惕。

40 度爱情：如果总分超过 18 分，说明你们的爱情需要马上做出调整。

爱的语言测评

下面题目的有些陈述可能是你的爱人无法做到的，但假如他(她)能够做到的话，请认真阅读以下描述，选择你认为符合的字母并打“√”，每个序号只能选一个字母。(在你心情放松的情况下做这个测试，尽量不要急着把它快快做完，可以用至少 15 分钟时间来完成这个测试)

序号	描　　述	选　项
1	我爱人写的爱的短笺让我感觉很好。	A
	我喜欢爱人给我的拥抱。	E
2	我喜欢和我的爱人单独待在一起。	B
	当我的爱人帮我洗车时，我感觉到他/她的爱。	D
3	从爱人那里收到特别的礼物会让我很开心。	C
	我喜欢与爱人一道做长途旅行。	B
4	当我的爱人帮着做洗衣服的工作时，我感觉他爱我。	D
	我喜欢我的爱人抚摩我。	E
5	当我爱人搂着我时，我感受到他的爱。	E
	我知道我的爱人爱我，由于他送礼物给我，让我惊喜。	C
6	我不管往哪里，都愿意和我的爱人一起往。	B
	我喜欢牵着我爱人的手。	E
7	我很珍惜爱人送给我的礼物。	C
	我喜欢听爱人对我说，他爱我。	A

续表

序号	描　　述	选　项
8	我喜欢我的爱人坐在我旁边。	E
	我喜欢听爱人告诉我说，我很漂亮。	A
9	能和爱人在一起，会令我很兴奋。	B
	我爱人送给我的即使是最小的礼物，对我来说都很重要。	C
10	当爱人告诉我他以我为骄傲的时候，我感觉到他爱我。	A
	当爱人在饭后帮着收拾餐桌时，我知道他爱我。	D
11	不管做什么，我都喜欢和爱人一起做这些事。	B
	爱人给我的支持意见让我感觉很好。	A
12	和爱人对我说的话相比，他为我做的那些小事情对我来说更重要。	D
	我喜欢拥抱我爱人。	E
13	爱人的赞扬对我来说意义重大。	A
	爱人送一些我很喜欢的礼物给我，对我来说很重要。	C
14	只有是在我爱人身边，就会让我感觉很好。	B
	我喜欢我的爱人帮我推拿。	E
15	爱人对我的成就做出的反应让我很受鼓舞。	A
	爱人若能帮助做一些他很讨厌做的事情，对我来说意义重大。	D
16	我从来没有厌倦过爱人的亲吻。	E
	我喜欢我的爱人对我所做的事情表示出真正的爱好。	B
17	我可以指望我的爱人帮助我完成一些任务。	D
	当我打开爱人送给我的礼物时，我仍然会感到很兴奋。	C
18	我喜欢我的爱人称赞我的外表。	A
	我喜欢我的爱人倾听并尊重我的想法。	B
19	当我爱人在我旁边时，我忍不住要触摸他。	E
	当我的爱人为我跑腿时，我很感谢他。	D
20	我的爱人应该为他帮助我所做的一切而得到奖赏。	D
	有时我会为爱人送给我的礼物是如此专心而感到惊奇。	C
21	我喜欢爱人给我他全部的留意力。	B
	我喜欢爱人帮着在家里做清洁。	D
22	我期待着看到我的爱人会送什么生日礼物给我。	C
	我从来没有厌倦过听爱人告诉我，我对他有多么重要。	A
23	我的爱人通过送礼物给我，让我知道他爱我。	C
	我的爱人不需要我出声就主动帮助我，表达了他对我的爱。	D

续表

序号	描　　述	选　项
24	在我说话时，我的爱人不会打断我，我喜欢这一点。	B
	我从来没有厌倦过收爱人送给我的礼物。	C
25	在我累了的时候，我的爱人善于问我他能帮着做些什么。	D
	我们住哪里并不重要，重要的是我只喜欢和我爱人一起住这里。	B
26	我喜欢拥抱我的爱人。	E
	我喜欢从爱人那里收到礼物，得到惊喜。	C
27	爱人鼓励的话语给了我信心。	A
	我喜欢与我的爱人一起看电影。	B
28	我不敢奢求还有哪些礼物比我爱人送给我的礼物更好。	C
	我简直无法把自己的手从爱人身上收回来。	E
29	对我来说很重要的是，当我爱人尽管有其他事情要做，他却来帮助我。	D
	当爱人告诉我他很欣赏我的时候，让我感觉非常好。	A
30	在我和爱人分开一段时间后，我喜欢拥抱和亲吻他。	E
	我喜欢听到爱人告诉我，他想念我。	A

评分标准：计算每个字母对应的“√”的个数。

A：________ B：________ C：________ D：________ E：________

结果解释：每个字母代表不同的含义，通过选择字母的个数多少可以看出你主要爱的语言。其中，A 代表肯定的言词；B 代表精心的时刻；C 代表接受礼物；D 代表服务的行动；E 代表身体的接触。

资源共享

图书推荐 1：《感受爱：在亲密关系中获得幸福的艺术》

《感受爱：在亲密关系中获得幸福的艺术》是 2018 年机械工业出版社出版的图书，作者是珍妮·西格尔。我们都想感受爱，如同我们的生理需求，就像食物和水一样，该书重新定义了爱的意义和目的，并提供了现实的方案来帮助我们得到自己所需的爱，会告诉我们如何得到爱、留住爱。

图书推荐 2：《爱的五种语言：创造的两性沟通》

《爱的五种语言：创造的两性沟通》是 2018 年江西人民出版社出版的图书，

作者是盖瑞·查普曼。查普曼博士发现人们基本上有五种爱的语言：肯定的言词、精心的时刻、接受礼物、服务的行动、身体的接触。本书将带领您跨越关系中的暗礁与迷雾，了解和学习如何使用适合彼此的爱的语言，重新找回爱的温度和激情。

电影推荐：《爱在》三部曲

《爱在》三部曲记录了男女主角23岁、32岁和41岁三个不同人生阶段的爱情与生活。三部曲讲述了爱情的三种不同阶段，即初见时的朦胧好感，再见时的乍见欣喜，最后的现实清醒，告诉人们爱情除了浪漫至死的糖衣炮弹，还有面对现实的残酷抉择，更有回归生活后的矛盾琐碎，电影演绎了不同年龄段对爱情、对生活、对人生、对世界的不同看法和感悟。

《爱在黎明破晓前》讲述了美国青年杰西在火车上偶遇了法国女学生塞琳娜，两人交谈甚欢。他们游览城市并谈论着彼此的过去。最终，他们相约在半年后再见。

《爱在日落黄昏时》是《爱在黎明破晓前》的续集，主要讲述了九年之后已经成为畅销书作家的杰西与在法国某环境保护组织工作的塞琳娜在巴黎再次相遇并度过短暂而美好的时光的故事。

《爱在午夜降临前》是《爱在》三部曲的第三部，该片讲述男女主角步入婚姻之后发生的琐碎事情，生活的细节、磨难成为谈话的重点，意见不合，也会变成争吵的导火线。

第六章　亲密关系中的裂痕与修复

婚姻是一座围城，城外的人想进去，城里的人想出来。

——钱锺书

身边的故事：我们的爱情经得起首付的检验吗？

难道多年的爱情就葬送在一个首付手里吗？

我和男友大三期末相识恋爱，走到研究生毕业，到现在将近5年时间了。今年我的户口要下来了，于是两人打算领证，以便能早点申请到自住型商品房。在面临领证时，经济问题开始暴露。我和男友都是独生子，父母都是工薪阶层，都是小县城里的，虽说生活安逸，但也没有太多存款。他的父母希望他们家出50万元以上，我们家出50万元以下（30万元以上），我们自己再攒一些，尽量凑够100万元。可是我爸妈的意思是我们家不要任何彩礼，在我领证时给我10万元，再到我买房时给我10万元，算作父母的心意，他们年纪大了，不想有借款压力，我们家现有的存款也就20万元了。而且我又是个女孩，觉得我们家没有要求他们家买房子就可以了，给多少是父母的心意。

由于北京不是我和男友的家乡城市，是我们两个独立打拼的地方，因此男友认为在北京生活彼此是平等的，不存在我嫁到他们家的问题。男友觉得他父母都愿意帮我们去借钱，很辛苦，我们家也应该有所表示。我觉得和男友认识后，很多问题都是我在妥协，甚至还和父母要求他们能帮我多出一些首付。今天和妈妈通完电话，我心里很难受。我觉得他们把我养这么大已经很不容易了，我都没有回报他们，又拿什么来要求他们。我想如果没有条件，结婚买房的事情就缓一缓吧。我应该有我坚持的底线。对于他们家，我不做任何要求。如果我们有买房的条件就买，要是没有买房的条件就等着吧。我有时候也有点着急和虚荣心，羡慕单位里其他同事买房结婚，我要改掉这个坏毛病，把自己着急的心态缓一缓。房子，能买就买，不能买就再等等。把希望掌握在自己手中，努力工作。至于和男友的爱情，如果连这点考验都经受不住，这点矛盾都不能协调和包容，就算了吧。也许我们并没有做好结婚的准备。

想一想：

这个故事中的一对恋人之间出现了什么问题？

关系的裂痕是怎样产生的？

写一写：

可以把自己的想法写下来。

____

____

____

这是因买房付首付产生冲突而导致亲密关系出现裂痕的一名毕业女研究生的故事。该女生和男友的关系本来很好，相处融洽，恋情维持了将近 5 年的时间，可以说是相对稳定了。但即便如此，却因买房的问题，再加上彼此父母的加入，导致关系中的不满，甚至让该女生想到如果这点考验都经受不住，分手都是可能的。可见，恋爱有时并不只是两个人的事情，当遇到外在压力时，或者有其他人加入进来时，亲密关系就有可能产生大的裂痕，甚至摇摇欲坠。

第一节　亲密关系裂痕的形成与发展

亲密关系从出现裂痕到最终破裂，虽然过程不同，形式多样，原因各异，但总体遵循着一定的发展轨迹。关系从融洽走向恶化和破裂，通常经历五个阶段。

（一）分歧

亲密关系其实就是一种情感互动，彼此的一致性和共同心声越多，关系越稳定。而双方要做到完全的一致是不可能的，因此分歧从某个角度而言是不可避免的。分歧就是亲密关系开始出现裂痕的标志。出现分歧以后，双方就要想办法消除分歧，达成一致，或形成一个彼此都满意至少是都能接受的妥协方案。这样的话，亲密关系在刚刚出现裂痕后就能得到修复，或至少保证小的裂痕不再进一步扩大，进而避免了亲密关系的恶化。在分歧阶段就能修复亲密关系，这是解决问题的最佳方式。

（二）收敛

如果在彼此出现分歧后，彼此的分歧非但没有解决，反而进一步扩大，就会表现出彼此的争吵增多，而这无益于问题的解决。彼此总是试图说服对方做出让步而无果，慢慢地，也就逐渐减少了说服对方、改变对方以适应和服从自己的意图，于是就开始进入收敛阶段。在这一阶段，沟通量会出现明显的下降，对谈话的内容和时机也会变得高度注意,试图说服对方的意图并没有完全放弃,但比分歧阶段要大大减少。争吵的频次和激烈程度降低,双方都变得谨小慎微,尽量不过度刺激对方。双方自发的沟通减少,自然也会在不知不觉中减弱双方情感融洽的程度。通过收敛的方式,可以减少激烈的矛盾和冲突,不至于关系进一步恶化,这是它好的一面。但它只是暂时的搁置问题,其实彼此还是有情绪的,只是忍而不发,或尽量少发,并没有从如何更好地解决问题的角度来做事,如果继续下去,很可能就会进入下一个阶段:冷漠阶段。要想在这个阶段解决问题,修复关系,还得需要伴侣双方继续保持沟通,而又尽量不带情绪。

(三)冷漠

到了冷漠阶段后,亲密关系的双方开始逐渐放弃进一步增进沟通的尝试,交往的氛围也慢慢变得冷淡,彼此对言语和非言语的沟通都变得缺乏热情,总之就是最大限度地减少沟通。往日热烈的亲密关系变得如一潭死水,以前充满温情与关爱的目光也变得黯然无神,彼此交往的意愿越来越弱,总之就是能少说话就少说话,能不说话就不说话。以前两个人在一起亲密得像一个人似的,现在两个人彻底变成了两个人。他们之间的共同之处只是在于还在一起,心里早已"同床异梦",彼此不再亲近。看似近在咫尺,实则远在天涯。到了这一阶段,亲密关系中的裂痕就已经非常大了,大到随时可能都要破裂的程度。对于大学生情侣而言,可能他们还在一起吃饭,一起上课,一起上自习,一起参加聚会,但彼此的交流已经很少了,更多的只是例行公事的表现。亲密关系走到了这一步,想要修复已经变得困难重重,但依然存有希望。要想修复关系,就得变冷漠为温情。多去回忆一下两人在一起时的美好时光,约着做一些以前经常做的事,去一些曾经留下过美好回忆的地方,这可能会让彼此重新点燃对于美好未来的希望。这个时候,至少需要其中一方愿意做这个主动开启温情之旅的人,方能转冷漠为希望。否则,关系就会进一步恶化,进入第四阶段。

(四)逃避

到了逃避阶段,双方已经变得形同陌路,彼此在一起会让他们感觉很不舒服,很尴尬,不知该说些什么,做些什么。就大学生情侣而言,他们可能不再像以往那样一起上自习,一起吃饭,一起逛街,甚至是连班级活动或班级聚会这样本该所有人都参加的事情,也会因为怕见到对方而选择不去。因此,他们会尽量减少见面机会,回避一切可以彼此相见的情形。这个时候,双方的共同心理领域已经所剩不多,往往感到很难判断对方的情感状态,也更难以预测对方的行为反应,彼此之间的信任已经基本不复存在,彼此之间更加缺乏安全感。彼此不再相见，可能是让他们感觉最舒服的存在方式。任何一段关系要想保持，就必须进行沟通和互动。持续的沟通是关系持续的源头活水，如果沟通没有了，也就等于掐断了水源，必定会变成一潭死水，甚至是干枯，关系彻底终止的结局也就不可避免了。在这个阶段，亲密关系基本没有了未来，破裂也只是一个时间问题，甚至就变成了没有终止的终止。很多亲密关系的结束就是这样的，彼此并没有正式表露结束关系的声明，只是心照不宣，彼此默认就是了。关系到了这个阶段，如果还想要试图修复，就必须由关系的一方满怀诚意地主动发起沟通，才可能重启希望。

（五）终止

亲密关系的最终终止，是冷漠、逃避和疏远的必然结果。到了这个时候，双方已不再尝试重启关系，而是由至少其中一方主动提出终止亲密关系的想法，另一方表示同意或默认。这样，关系就算是正式终止了，有了一个彻底的结束。当然，一些亲密关系并没有明确的终止标志，正如前文所言，双方心甘情愿、共同协商好的关系终止，未免不是一件好事。但如果关系的一方强行终止关系，而另一方极不情愿，则会造成至少一方备受折磨，甚至主动终止关系的一方也会因为给另一方带来的痛苦而心存愧疚、自责或歉意。如果是这一种情况的话，那么不愿意接受关系终止事实的一方如果能够坦然、勇敢地接受这事实，对自己的心理健康和未来都是很好的事情，也有益于让对方获得解脱。所谓“旧的不去，新的不来”，如果总是抱着过去的痛苦不放，也就阻碍了自己前进的步伐。下面这个蜜蜂与玫瑰花的故事，希望能够帮助那些因为在关系中被抛弃而深陷其中、无法自拔的情侣走出情感泥潭。

故事分享：蜜蜂与玫瑰花的故事

玫瑰花枯萎了，蜜蜂仍停留在上面拼命地吮吸汁液，因为它以前从这朵花上吮吸过甜蜜。但是，现在蜜蜂吮吸的是毒汁。蜜蜂知道这一点，因为毒汁味道很苦，与以前的味道有天壤之别。于是，蜜蜂愤愤不平，它在吮吸一口毒汁后，抬起头来向整个世界抱怨：为什么味道变了！

终于有一天，不知什么原因，蜜蜂振动翅膀，飞高了一点。这时，它发现，枯萎的玫瑰花周围，处处是鲜花。最终，它离开了枯萎的玫瑰花，飞向了正在绽放的玫瑰花。

第二节　亲密关系裂痕的发生原因

亲密关系中为什么会出现裂痕？该如何去理解？或许，亲密关系中最大的问题就是我们认为它不应该出现问题，对于完美爱情的幻想是我们痛苦的源泉。我们可以用不同的心理学理论来解释亲密关系，这些理论为我们提供了不同的视角，有助于我们更好地理解真实的情况及背后的原因，并为如何修复亲密关系提供参照。

（一）不合理的期待

偶像剧容易让人沉迷的原因之一，是满足了人们对于理想生活、理想伴侣的期待。很多人都会参照影视作品和社交媒体上“理想爱情”的样子来建立“完美关系”“理想伴侣”的标准。正如我们经久不衰的童话故事一样，很多人心中都有一个公主梦或者王子梦。在亲密关系中，我们会期待自己可以是那个受宠的公主，或者帅气王子。心理学博士塔拉·贝茨·邓福德在多年临床咨询中发现：亲密关系中出现很多愤怒、不满，原因不在于关系的质量本身，而是因为我们对关系抱有不合理的期待。加拿大心理学者克利斯朵夫·孟的《亲密关系》中有这样一句话：“期待，是通往地狱之路。”在亲密关系中，一方期待另一方可以满足自己的任何需求，开始的时候可能是甜蜜的依赖，长久以来，就会形成无形的压力。如果没有很好地解决，就可能造成亲密关系中的裂痕。

（二）需求得不到满足或满足不充分

裂痕的产生往往是与需求的满足状况密切关联的。需求能够得到满足，就不容易产生裂痕；需求得不到满足，就容易产生裂痕。

1. 衡量需求满足状况的两个指标

在亲密关系中，相应的需求就会产生相应的比较标准和替代标准。相互依赖理论认为，人际关系是一种社会交换，它类似于物质交换，符合基本的等价交换原则。人们总是在寻求以最小的代价获取最大奖赏价值的人际交往，我们只会与那些能够提供足够价值的伴侣维持亲密关系。而价值对人而言是变换的，因此关系也随之发生波动。该理论认为，人际关系的结果就是所得到的奖赏减去所付出的代价。这里的奖赏指的是我们与他人接触时所获得的令人高兴的经验和物品，如物质、金钱、情感、帮助、关心、照顾。代价则是指具有惩罚性的、让人不快的体验。亲密关系中最重要的代价是心理负担，包括对亲密关系发展不确定性的担忧，如担心自己付出很多，有一天分手了，将是竹篮打水一场空；

对伴侣缺点的不满意，如不能接受伴侣个子太矮、长得太胖、性格暴躁、挣钱不多等；对因为亲密关系而不得不舍弃的东西的遗憾，如因为和对方在一起而不得不居住在自己不喜欢的城市、为了挣钱而选择一份自己并不喜欢的工作。

在相互依赖理论中，考虑到人际关系的期望收益，有两个关键的标准，一个是比较水平，也就是自己的期待水平，它是衡量关系满意度的标准。比较水平决定了亲密关系的满意度，同时也是导致亲密关系出现冲突、矛盾等裂痕的原因。当伴侣不能让我们满意时，裂痕随之出现，冲突可能会加剧。另一个标准就是替代的比较水平，即如果我们抛弃目前的亲密关系，转而去寻找可以选择的更好的伴侣，所得到的交往结果会是什么样子。替代的比较水平决定了亲密关系的依赖程度，即是否会出现背叛。如果说比较水平对亲密关系中出现的裂痕具有巨大的影响力，那么替代的比较水平则对亲密关系中的背叛具有巨大的影响力。如果别的亲密关系有希望得到比目前的亲密关系更好的结果和收益，即使是我们对现状还算满意，也仍然有可能选择背叛这段亲密关系，离开现在的伴侣。同理，即使我们对目前的亲密关系不满意，关系中出现了很多裂痕，甚至主观意愿希望结束这段亲密关系，但在没有更好的替代选择出现之前，我们也不会轻易脱离现在的关系，除非替代的比较水平就是即使单身也比维持这段亲密关系更好。

依据相互依赖理论，我们可以了解到，即使亲密关系出现裂痕也可能不选择背叛；同样，即使亲密关系还不错也可能会出现背叛。这一理论很好地解释了我们生活中看似矛盾、难以理解的亲密关系事例其实是不矛盾的。因此，它是一个很好的理论。当然该理论也存在一定的不足，它把浪漫的亲密关系功利化了。毕竟爱情不只是利益的交换，它确实存在情感的成分。但考虑到年轻人对于爱情的理解往往是比较神圣、浪漫、完美化的，适当了解该理论，不忽略爱情现实性的一面，也是非常有实用和参考意义的。其实，亲密关系中的情感互动也是一种彼此的交换，只不过情感的交换不同于遵循完全等价交换原则的物质交换，带有很强的主观性，但它整体上还是符合情感交换的原则的。比如，滴水之恩当涌泉相报，看起来似乎不对等，不符合等价交换，但考虑到情感强度和价值观的影响，对于受到滴水之恩的人而言，“滴水之恩”与“涌泉相报”就是等价的。因此，从广义的交换原则来看，相互依赖理论仍然是合理的。

2. 亲密关系质量的四种状态

依据相互依赖理论，我们可以把“比较水平”这个指标用亲密关系的“幸福程度”来描述，把替代的比较水平这个指标用亲密关系的“稳定性”来描述，以“稳定性”作为横坐标，“幸福程度”作为纵坐标，组成一个坐标图，并由此形成四个象限，对应于亲密关系的四种状况。

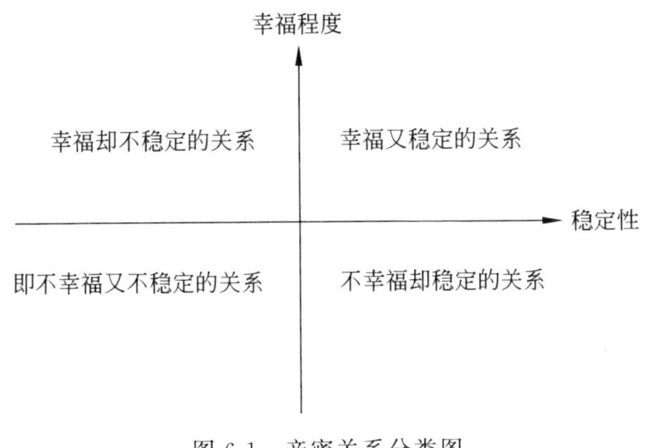

图 6-1 亲密关系分类图

（1）幸福又稳定的关系。第一象限是“幸福又稳定的关系”，处于该象限的亲密关系既幸福又稳定。因为幸福，亲密关系满意度会比较高，亲密关系不易出现裂痕。因为稳定，亲密关系的依赖程度高，目前的伴侣优于可能的替代伴侣，因此不容易出现背叛。可见，处于第一象限的亲密关系是比较美满和谐的，也是比较理想的亲密关系类型。

（2）幸福却不稳定的关系。第二象限是“幸福却不稳定的关系”，处于该象限的亲密关系虽然幸福却不稳定。因为幸福，亲密关系满意度会比较高。但因为关系不稳定，替代的比较水平较高的一方对现在的关系虽然也满意，但总是期待着“一山更比一山高”，吃着嘴里的，又看着锅里的，并没有停止对于更好的替代伴侣的找寻，一旦找到自己认为比现在的伴侣更好的伴侣，就会转而抛弃现在的伴侣，投入“更好”伴侣的怀抱，或者在与现任伴侣交往的同时，还在和别的异性交往，因此关系很不稳定，一旦出现裂痕，将会是背叛。有些人在亲密关系还很不错的情况下突然选择结束现有关系，或者同时与几个人保持亲密关系，表现为明显的背叛，就是这种类型关系的典型表现。而在这种关系中被抛弃和背叛的一方从幸福的爱河中突然坠入冰窟窿，由于事先完全没有心理准备，这种巨大的反差容易导致其产生强烈的情感打击和创伤。这种类型的亲密关系或许是落差最大、最不负责任、最不公平、最让人难以释怀的。

（3）既不幸福也不稳定的关系。第三象限是“既不幸福也不稳定的关系”，处于该象限的亲密关系既不幸福，又不稳定。因为不幸福，关系中会有很多不满、矛盾和裂痕；因为不稳定，关系中容易出现背叛，并导致关系的结束。这种关系模式可以说是最不稳定、最不可预测的，处于此种关系模式中的人会非常痛苦，但俗话说长痛不如短痛，关系中的双方各自都在找寻着更合适的替代伴侣，一旦有一方找到了，关系基本也就结束了。因此，此种关系最不容易长久，痛苦也不会一直持续。很多大学生的恋爱即是如此，一开始甜言蜜语，后来却没有了感情，并很快结束了关系，正所谓“来也匆匆，去也匆匆”。

(4) 不幸福却稳定的关系。第四象限是“不幸福却稳定的关系”，处于该象限的亲密关系虽然不幸福，却相对较稳定，不容易完全破碎。因为不幸福，亲密关系满意度会比较低，关系中经常出现失望、冲突、裂痕，深陷于关系之中也让彼此感觉很痛苦。但因为彼此除了现任伴侣之外，没有其他更好的选择，于是就选择委曲求全，继续待在现在并不令人满意的关系中而不做出根本的改变。这种类型的亲密关系是最让人受折磨且看不到希望的。或许秉持“嫁鸡随鸡，嫁狗随狗”观念的人，内心就是这么想的吧。夫妻之间早已同床异梦，但为了孩子而选择继续维持婚姻，就是这种类型的典型体现。

案例 1：身边好朋友的事情

我有一个女性朋友叫琳琅，她高一的时候和同班男生陆涛在一起了，在一起不到半学期，两个人就因为分班去了不同的班级，之后就分手了。琳琅一直很喜欢陆涛，即使他在高二就有了新的女朋友。陆涛很喜欢他的新女友，为她做了很多事，也花了很多时间和精力，以至于耽误了学习，高考只考到了外地的二本，而我的好朋友琳琅则考到北京。高考后陆涛就跟他的新女友分手了，和我的好朋友琳琅又有了联系，慢慢地他们又在一起了，很明显可以感觉到，陆涛对琳琅并不像对他前女友那样上心，两个人也经常吵架。陆涛的家庭环境并不好，可我的好朋友家里条件却很好，当时琳琅的家长知道这件事后就不太乐意，最重要的是陆涛对琳琅并不是很好。在这将近 4 年时间里，他们分分合合太多次了，感觉陆涛从去了外地以后就变了，在他们分手期间不住在学校宿舍，和新结交的女生出去租房住，也经常挂科，可每次他回头来找琳琅，琳琅都原谅他，也为他付出了很多。

现在他们都工作了，琳琅考上了公务员，而陆涛只是在北京找了一份很普通的工作，起薪只有 3000 多，他要租房，还有平时的日常花销。从琳琅跟我说的他们的对话里可以看出来，陆涛很自卑，他总是怕琳琅看不上他，总是说一些大话却不付诸行动。而我的好朋友琳琅的确不是那种很温柔的小女生，她说话很冲，经常会驳陆涛的面子，可她对陆涛的感情真是没话说，她甚至说没房没车都没有关系，住她的房子也没有关系，有钱就吃好点穿好点，没钱就吃得随便点少买点衣服。可陆涛却不珍惜，他认为不干出点成绩来就不会跟琳琅在一起了。

本案例中，该学生的女生朋友琳琅和男生陆涛的关系十分纠缠。男生每次分手之后都会谈一段新的恋爱，一旦新的恋情结束，又会继续回来和琳琅谈恋爱，而琳琅竟然每次都做出让步，并没有因为陆涛之前的所做所为而去追究。或许琳琅真的很爱陆涛，但这样做只会让陆涛越来越不在乎琳琅，对琳琅的感觉似乎也不太深，好像更多地把琳琅当成了“备胎”。对于随时都能得到的东西，我们往往不会太珍惜。它违背了恋人之间关系平衡的原则，依照亲密关系的相互依赖理论，陆涛的替代比较水平高于琳琅的替代比较水平，这就造成了陆涛在这段关系中处于优势地位，结束关系的代价更少，因此也就更容易主动结束关系。

（三）不安全的依恋

亲密关系其实就是一种依恋关系。亲密关系的深层就是成人之间彼此的依恋关系。成人间的依恋关系与亲子依恋关系一样，基本符合依恋的特点；不同于亲子依恋之处就是它以浪漫的爱为依恋行为系统的特征，该系统产生出照顾行为和与两性相关的表现。

成人依恋从回避亲密和忧虑被弃两个维度，可以分成四种不同的成人依恋类型，即安全型、痴迷型、恐惧型和疏离型。在亲密关系中，不同的依恋类型表现出不同的亲密关系特点，也体现了不同程度的关系风险甚至是危机。美国心理学家罗兰·米勒（美）在《亲密关系》一书中也提到：“回避程度高的人更关注他们的替代选择，他们会留心其他可能的爱情选择，不太热衷于追求伴侣关系所能获得的成就感，不希望伴侣给他们太多的帮助。忧虑被弃的人则过度担心伴侣会离开自己，所以会过分依赖、纠缠对方，并期待伴侣过分依赖自己，反而会起到相反的作用。安全型的人在共有情形下舒适自在，只要伴侣需要，他们就会提供关心和支持，并乐于接纳伴侣对自己的依赖。”可见，依恋类型对亲密关系的影响是十分巨大的。

下面，我们将分别针对这四种依恋类型在亲密关系中的表现特点，以及依恋类型对亲密关系的影响进行详细解读。

1. 安全型依恋类型及其影响

安全型依恋类型的情侣在亲密关系中的表现可以大体概括为：乐于寻求亲密，同时又不担心被抛弃。因此，与这样的人谈恋爱，会让你整体感觉比较轻松，不太容易发生矛盾。即使发生了矛盾，他们也会相对比较积极地去正视问题，解决问题。当亲密关系出现裂痕之后，他们会尽全力去努力修复关系。如果你的伴侣是安全型依恋类型的人，那么恭喜你，你们之间的沟通将少很多没有必要的误解和挣扎。如果你认为你是安全型依恋类型的人，那就继续把这种内心的安全感化作对亲密关系的积极态度和付出。

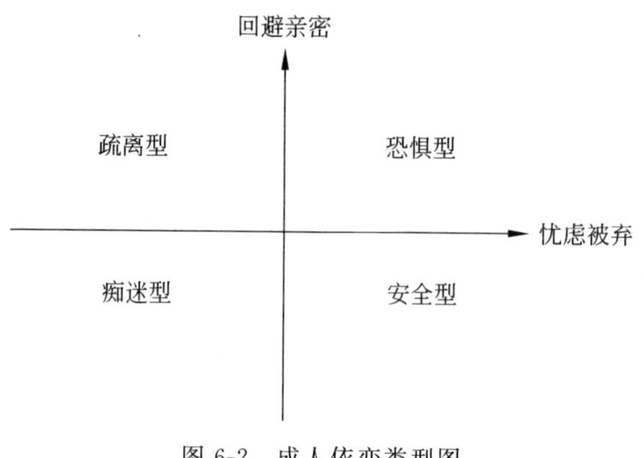

图 6-2　成人依恋类型图

2. 痴迷型依恋类型及其影响

痴迷型依恋类型的情侣在亲密关系中的表现可以大体概括为：乐于寻求亲密，但却担心被抛弃。如果和这样的人恋爱，即使你们现在关系相处得很融洽，生活得很幸福，但在他的内心深处，时不时会有一个声音冒出来："虽然现在我们关系很好，他对我也很好，但万一有一天他离开了我，那太可怕了！"这种来自内心深层的恐慌会让他慢慢变得失去理智，为了避免这种"可怕的灾难"发生，他可能会不断检查你的物品和手机等，试图寻找你可能背叛他的蛛丝马迹；他还可能会对你提出苛刻的要求，不准你私自和其他异性见面和来往；他甚至限制你的自由……而他的这些举动，恰恰可能会令你厌烦，令你失望，令你感到窒息。这会严重破坏亲密关系，导致亲密关系出现裂痕。如果你百般解释也依然无效，可能会令你对对方失去兴趣，对你们的未来失去希望，你甚至不顾一切地想要逃离这段关系。所谓"怕什么来什么"，正是他内心的恐惧，造成了关系出现裂痕，甚至是背叛、破裂的现实。而面对亲密关系中的背叛，他们则无法忍受，往往会施予更大的惩罚，结果可能导致关系进一步恶化，乃至彻底破裂。如果你的伴侣是痴迷型依恋类型的人，那你就要做好准备迎接挑战，要理解他不是不信任你，只是因为他对自己不够自信，他太爱你了，太怕失去你了。这样想会让你感觉轻松些，更不容易被对方的纠缠而冲昏了理智。如果你认为自己就是痴迷型依恋类型的人，那就要注意了，要随时扪心自问，是不是自己想太多了，是不是自己又在没事找事、无事生非了。一定要警惕自己，避免因为自己的问题而亲手制造"因为太爱，所以失去"的恶果。

3. 恐惧型依恋类型及其影响

恐惧型依恋类型的情侣在亲密关系中的表现可以大体概括为：想要寻求亲密，却因担心被抛弃而倾向于回避亲密关系。如果你的伴侣是恐惧型依恋类型的人，那就请你多鼓励他直接表达自己内心的想法，而不是让你猜。如果他对待亲密关系的热情并不像你期待那么高，也不要认为这是问题，更不要试图要求他表现得更为亲密。如果你认为你是恐惧型依恋类型的人，那就更要注意了，一定要把你自己内心的想法和期望表达出来，而不是让对方猜，或者在对方猜不透之后又通过其他方式表达不满，最终导致亲密关系出现裂痕。多去表达心中的爱给对方，会让亲密关系更加美满温情。

4. 疏离型依恋类型及其影响

疏离型依恋类型的情侣在亲密关系中的表现可以大体概括为：倾向于否认对于亲密关系的需求，回避亲密关系。如果你要追求疏离型依恋类型的人，那请提前做好心理准备，你很可能会吃到闭门羹。如果你想要打动他，让他接受你，那就要经历漫长的考验和长期的付出，才能让他慢慢对你产生安全感、亲切感。如果你通过长期的不懈努力终于成功了，那也要做好心理准备，你们的亲密关系可能并不能像别人那样充满温情和浓意。和他保持亲密关系，就好比是生活在同一屋檐下的两个“独立的人”。如果你不能接受这一点，那你会感到很失望。你做了很多，却不能打动他，你可能认为这是你的问题，其实你想多了，你做得并没有错，只是他太过“铁石心肠”。因为他们对亲密关系的依赖程度很低，因此，亲密关系也更容易出现裂痕，更容易破裂。即使他们背叛了亲密关系，在他们看来，这可能并没有什么，因此，他们可能更加缺乏愧疚感和自责感。与这种依恋类型的人谈恋爱，你自始至终都要做好分手的心理准备，不要期待太高，更不要要求过高，否则就只能“希望越大，失望越大”。

（四）负面安抚过多，正面安抚不足

“安抚”是一个人给予另外一个人的承认和反应，每个人都离不开安抚。在我们很小的时候，我们需要来自父母的照料、喂食、抚摸、拥抱等物质和身体层面的安抚；长大后，我们还需要的是鼓励、支持、赞美等言语层面的安抚。人们之所以要去寻求亲密关系，就是源于我们对安抚的需求。从某种意义而言，亲密关系本身就是一种安抚，处于亲密关系中的人也在彼此寻求和交换安抚。

安抚可以从不同的视角分成不同的种类。下面我们将安抚从是正面的还是负面的、是无条件的还是有条件的两个维度分成四类。不同类型的安抚对亲密关系产生的影响也是十分不同的。不当的安抚特别容易导致和加深亲密关系中的裂痕。

1. 无条件的正面安抚

第一类是无条件的正面安抚，如“我喜欢你”，这种喜欢是广义上的、综合的，是对一个人整体、全面的认可。正面的无条件的安抚最能帮助人形成全面

的自信，对于全方位增进亲密关系、防止亲密关系出现裂痕意义重大。如果亲密关系的双方都是发自内心地喜欢对方，彼此的情感就会很深，关系满意度和稳定性也会非常高，更不容易出现亲密关系中大的裂痕和背叛。

2. 有条件的正面安抚

第二类是有条件的正面安抚，例如"我喜欢你做事很细心"，这是一种具体的、局部的认可。正面的有条件的安抚最能激励人形成局部的自我认可，对于强化对方继续做出令你喜欢的行为意义重大。谁都喜欢被认可、被赞赏，正向的强化可以让对方对待亲密关系更加积极和热情，感到自己的付出被认可，进而更愿意继续付出以得到奖赏，更不容易背叛亲密关系。

3. 有条件的负面安抚

第三类是有条件的负面安抚，如"我讨厌你总是约会迟到"，这是一种具体的、局部的否定。有条件的负面安抚最容易让人了解自己的不足，并给自己如何进一步改进和提升提供了参考和方向。负面的安抚最容易给亲密关系带来裂痕。正如谁都喜欢被认可，谁也不喜欢被批评，即使这种批评是正确的、出于好意的，但人的自动化反应都是拒绝的，更何况是不切实际的、强加的批评。当然，必要的有条件的负面安抚还是需要的，因为它能够让对方知道做了什么让你感觉不好，因此也就为对方的改变提供了方向。

4. 无条件的负面安抚

第四类是无条件的负面安抚，如"我讨厌你"，不同于负面的有条件的安抚，这是一种笼统的、全面的否定。当一个人讨厌另外一个人的时候，往往会出现戴着有色眼镜看人的情况。无条件的负面安抚最容易伤人，最容易打击对方的自信，或者是激怒对方。无条件的负面安抚往往会形成彼此越来越讨厌和仇视对方的恶性循环，这是非常糟糕的情况。在极端的无条件负面安抚的影响下，人已经被偏见和仇恨冲昏了头脑，很难能够再客观地看到对方，导致亲密关系裂痕一步步加大，并最终导致关系的破裂。

第三节　如何减少和修复亲密关系裂痕

了解了亲密关系中的裂痕是如何形成并一步步发展变化的，以及这些裂痕可能是由什么原因导致的，就为我们避免、减少和修复它们做了最好的准备。以下是几点重要的做法。

（一）合理期待，不要期待亲密关系中不会产生裂痕

爱情不容易，亲密关系中的裂痕有时是在所难免的，如何正视这些裂痕，并

修复它们,对于决定亲密关系的未来至关重要。“爱情多半是不成功的,要么苦于终成眷属的厌倦,要么苦于未能终成眷属的悲哀。”钱锺书先生的这句话与他“婚姻是一座围城,城外的人想进去,城里的人想出来”的描述遥相呼应。张爱玲女士也曾说:“我以为爱情可以填满人生的遗憾。然而,制造更多遗憾的,却偏偏是爱情。”因此,亲密关系不会像我们想象的那么美好,它就像是带刺的玫瑰,在品味它的芳香的同时,也要小心它的尖刺,对可能被刺到的危险随时保持警惕,并认真对待和面对它,甚至是接纳它。

练习:亲密关系裂痕之我思我想

你如何看待亲密关系中的裂痕?

____

当亲密关系中出现了裂痕,还值得去修复吗?

____

你个人的亲密关系之旅中,对于裂痕与修复,你有哪些体验?

____

(二)努力提升亲密关系满意度和稳定性

依据相互依赖理论,一段亲密关系既满意又稳定,是关系良性发展的标志。要让亲密关系更加美满幸福,需要同时在满意度和稳定性两个方面下功夫,既要让现实关系高于彼此的比较水平,又要让现在的关系模式高于彼此的替代比较水平。为做到这一点,下面的练习——“亲密关系状况自查表”对我们或许有帮助。我们可以以一周为时间单元,每周选择一个固定的日期来做这个练习,拿出笔和纸做如下记录:

练习:亲密关系状况自查表

我对亲密关系满意吗?

____

对方对亲密关系满意吗?

____

我们的亲密关系整体处在平衡状态吗?

____

对于增进亲密关系满意度,我还可以做些什么?

____

我愿意继续维持这段关系吗？意愿有多强烈？

______

对方愿意继续维持这段关系吗？意愿可能有多强烈？

______

备注：意愿强烈程度请打分（1～10分），1——完全不愿意，10——完全愿意。

（三）不断提升依恋的安全水平

虽然依恋类型相对比较稳定，但它毕竟是由过往经历的影响而形成的，因此也可以通过我们的努力去改变。由其他三种不安全依恋类型转变为安全型依恋类型，是我们的方向目标。当然，这种改变不太容易，需要我们不断坚持，这种改变的过程可能需要几年的时间。当然，如果你已经是安全型依恋类型的伴侣，仍然还有不断提升的空间，因为"安全"是一个相对概念，有着程度上的区别，不断提升安全型依恋水平，会让亲密关系更美好。

针对如何提升安全型依恋水平，我们设计了如下训练方案——"依恋类型匹配性练习"。

练习：依恋类型匹配性练习

该练习在每次亲密关系出现矛盾和冲突的时候使用。当亲密关系发生冲突时，我们需要拿出笔和纸做如下记录：

这次冲突和依恋类型有关吗？

______

我的依恋类型是什么？

______

对方的依恋类型是什么？

______

我们的依恋类型在匹配性上容易导致什么问题？

______

我的表达有什么问题，如何表达得更好？

______

对方真正想要表达的内容是什么？

______

考虑到以上这些，我决定________以修复关系。

（四）对伴侣的需求敏感，不断提升安抚质量

综上所述，要想修复已经破损的亲密关系，让亲密关系更加和谐，做到如下这些是非常有必要的。生活中要多用正面安抚，多多益善。正面安抚是增进亲密关系满意度、降低替代的比较水平非常有效的方式。使用有条件的负面安抚要注意分寸和场合，要考虑到对方的感受和性格特点，避免“苦了口”却没有发挥“良药”的作用。无条件的负面安抚最容易伤害亲密关系，一定要慎用。因为在被全盘否定的情况下，人们都会奋不顾身地去选择保护自己、攻击对方，或者是选择逃离，这都无益于亲密关系的修复和发展。在安抚的给予和接受方面，每个人都有着自己的风格。

1. 给予伴侣有效安抚

在给予安抚方面，有的人习惯于给予别人正面的安抚，这往往有利于亲密关系的发展。有的人习惯于给予别人负面的安抚，这往往会导致亲密关系中的冲突和裂痕。有的人习惯于选择不给予别人安抚，这可能比给予负面安抚的情况还要更糟糕，会让对方感觉被疏远、忽视。有的人习惯于给予别人“假冒的安抚”，即看起来是正面安抚，实则是负面安抚，这会让对方感受到是一种虚情假意，更不利于关系的增进。有的人习惯于给予别人“做作的安抚”，即所给予的正面安抚太过夸大其词，会让人感到很“假”，不够真诚，反而会令对方生疑，起到相反的作用。

每个人都需要安抚，获取安抚是我们交往的动力。能够给予有效安抚的人，往往都是受欢迎的人。有效的安抚可以强化亲密关系，提升亲密关系满意度和稳定性。如何给予有效的安抚，直接影响了你的亲密关系的满意度和稳定性。

练习：30 天安抚笔记

下面的“我是安抚小能手——30 天安抚笔记”练习可以帮助你学会更好地给予伴侣有效安抚，做一个受欢迎的人。该项练习适用于亲密关系发展的任何阶段和多数情境，具有普遍的适用性。请准备好一个笔记本。

表 6-1　30 天安抚笔记表

时　间	给伴侣的正面安抚	奖励自己的正面安抚
第一天		
第二天		
第三天		
……		

请自今日起，连续30天，每天给予伴侣一个正面安抚（如赞美、表扬、关心、照顾行为），并观察伴侣的反应。注意，该正面安抚一定要是真诚的、发自内心的、真实的、不夸张的。然后每天将该安抚行为的相关情况记录到笔记本中，持续不间断，一直到完成该项练习。如果你很好地完成了此次练习，就请给自己一个大大的正面安抚，比如奖励自己好吃的、做一件自己特别想做的事。

2. 乐于接受伴侣的正面安抚

在接受安抚方面，有的人习惯于只接受正面的安抚，而对负面的安抚极为排斥。对于这样的人，在给予他们负面安抚时要特别小心，否则就会激怒对方。有的人习惯于接受负面的安抚，而对正面的安抚则持怀疑态度。这样的人往往比较自卑，认为自己不够好，所以可能会将别人的夸赞"打折扣"，甚至理解为是对自己的安慰，而对于别人的批评则坚信不疑。有的人对于任何形式的安抚都不在意，正所谓"油盐不进"，这容易让给予安抚的人感到自己被忽略了，产生强烈的受挫感，往往会导致亲密关系出现裂痕。对来自别人的安抚不感兴趣的人，往往没有和对方形成强烈的依恋关系，因此也容易背叛亲密关系。

案例2：女生会把QQ密码告诉自己男朋友吗？

我和女友是高中同学，确定关系两年了，异地，其间也经历过分分合合，今天突发奇想问她要QQ密码，谁知她想都没想就拒绝了，说要么两个人交换。当时我很生气，挂了电话，她也没多说什么。

毕业后她也不可能来北京，她学的专业不适合北方，想让我去她那里找她，可是两年了，不论发生什么事情她从没来北京找过我，她说只想平平淡淡地生活。自己想想以前所发生的一切，觉得未来越来越没希望。不知道自己在坚持什么，还有就是想听听大家的意见，我应该问女生要密码吗？我真的只是想看看她的反应（她说过在我面前她是最真实的）。

本案例中，该男生因为想要试探女朋友是否真的坦诚相对而要求知道女朋友的QQ密码，遭到了女友的拒绝因而不满。那么，恋人之间应该彼此分享QQ密码吗？其实，是否分享QQ密码并不重要，重要的是该男生对自己的这段恋情不够自信，对女友不够信任，于是总是想要去找些事情来考验女朋友，以验证自己的担心。对自己不自信，对对方不信任，是导致亲密关系出现裂痕的重要原因。就二人的关系来看，该男生的女友在给予安抚方面不够，而在寻求安抚方面则比较多，导致该男生的安抚需求得不到满足，并为此而心灰意冷。

3. 有效的接受安抚

生活中我们获得的安抚很多，但如果我们忽略了它们，甚至是把得到它们认为是理所当然的事情，那就少了很多的快乐和惊喜，也会令对方感受到挫败感，进而降低了继续给予我们正面安抚的积极性和动力。有效地接受安抚，可以帮助我们更加懂得珍惜，懂得感恩，体会生活中的真善美。下面的“爱意浓浓，感恩有你——安抚卡制作”练习可以帮助你学会更有效地接受来自伴侣的正面安抚。

练习：我的安抚卡

请准备一个笔记本，在连续30天的时间里，每天记录你的伴侣所给予你的一个正面安抚行为，可以是一句问候、一句赞美的话、一个帮助行为、一份礼物、一个满怀深情的微笑等。要保证每天都能够发现对方的正面安抚行为，同时非常乐意地接受它们，并回馈以相应的正面安抚。30天后，将它们制作成30张安抚卡片(电子版或纸质版均可)，并拿来与伴侣一起分享。

安抚及安抚风格对亲密关系的影响非常大。如果你认为自己在亲密关系方面出现的裂痕与此相关，那么可以将所学知识应用到实际的交往中，来进一步增进亲密关系。

心理测试

测试你属于哪种成人依恋类型

请阅读下列语句，并衡量你对情感关系的感受程度。请考虑你的所有关系(过去的和现在的)，并依据你在这些关系中的情感感受程度为以下题目打分。如果你从来没有卷入情感关系中，那么请按你认为的情感会是怎样的来回答。

请认真阅读以下描述，选择你认为适合的描述并打“√”，“1”表示完全不符合，“5”表示完全符合。

序号	描　　述	完全不符合	较不符合	不能确定	较符合	完全符合
1	我发现与人亲近比较容易	1	2	3	4	5
2	我发现要我去依赖别人很困难	5	4	3	2	1
3	我时常担心伴侣并不真心爱我	1	2	3	4	5
4	我发现别人并不愿像我希望的那样亲近我	1	2	3	4	5
5	能依赖别人让我感到很舒服	1	2	3	4	5
6	我不在乎别人太亲近我	1	2	3	4	5
7	我发现当我需要别人帮助时，没人会帮我	5	4	3	2	1
8	和别人亲近使我感到有些不舒服	5	4	3	2	1

续表

序号	描　　述	完全不符合	较不符合	不能确定	较符合	完全符合
9	我时常担心伴侣不想和我在一起	1	2	3	4	5
10	当我对别人表达我的情感时，我害怕他们与我的感觉会不一样	1	2	3	4	5
11	我时常怀疑伴侣是否真正关心我	1	2	3	4	5
12	我对别人建立亲密的关系感到很舒服	1	2	3	4	5
13	当有人在情感上太亲近我时，我感到不舒服	5	4	3	2	1
14	我知道当我需要别人帮助时，总有人会帮我	1	2	3	4	5
15	我想与人亲近，但担心自己会受到伤害	1	2	3	4	5
16	我发现我很难完全信赖别人	5	4	3	2	1
17	伴侣想要我在情感上更亲近一些，这常使我感到不舒服	5	4	3	2	1
18	我不能肯定，在我需要时，总找得到可以依赖的人	5	4	3	2	1

评分标准：

1. 计算分量表分

本量表包括3个分量表，分别是亲近、依赖和焦虑分量表，每个分量表由6个条目组成，共18个条目。先计算各分量表的平均分数，再将亲近和依赖合并，产生1个亲近依赖复合维度。

分量表								
亲近分量表	题号	1	6	8	12	13	17	平均分
	得分							
依赖分量表	题号	2	5	7	14	16	18	平均分
	得分							
焦虑分量表	题号	3	4	9	10	11	15	平均分
	得分							

亲近依赖复合维度计算方法：亲近依赖均分＝(亲近分量表总分＋依赖分量表总分)÷12

2.依恋类型的划分

安全型：亲近依赖均分＞3，且焦虑均分＜3

痴迷型：亲近依赖均分＞3，且焦虑均分＞3

疏离型：亲近依赖均分＜3，且焦虑均分＜3

恐惧型：亲近依赖均分＜3，且焦虑均分＞3

结果解释：参考上文中对于依恋类型的解释。

资源共享

图书推荐：《今日 TA：人际沟通分析新论》

《今日 TA：人际沟通分析新论》是 2017 年世界图书出版公司出版的图书，作者是艾恩·斯图尔特和范恩·琼斯。本书的目的是介绍沟通分析当前的理论与运用。作者以非学术、很口语化的方式来传达《今日 TA》深刻、复杂的理论，并用大量的范例来描绘其中的要点，非常适用于自学或是参加训练课程的学生。读者可以依循书中的指示实际练习，把每一次练习的结果和阅读此书的想法记录下来，因为这是学习最有效的方法：用在自己身上。当你读完此书，也做完每一个练习，相信将会更加认识自己，甚至借由这些知识改变生活。本章所讲有关安抚的理论论述在本书中有详细的介绍。

电影推荐 1：《婚姻故事》（*Marriage Story*）

故事开始以离婚调解时，男女双方回忆多年来彼此的优点展开。“他总是井井有条，他会自己熨衣服，自己做饭，收拾柜子。不像我。”“他总能平静地接受我所有的情绪。”……两人一见钟情，生子，结婚。随着时间推移，两人事业上有所发展，渐渐地，感情上的裂痕出现，无休止的争吵，如所有伴侣一样。你可以在观影中用本章的理论去分析亲密关系中裂痕的发展变化。

电影推荐 2：《我想和你好好的》

一部着眼当下的现实主义爱情片，对亲密关系的裂痕有生动的呈现，探讨了都市人感情生活中极为稀缺的安全感，你可以结合本章对于成人依恋关系的讲述，对于如何修复亲密关系进行自己的思考。

第七章　亲密关系中的暴力

爱情容不得强制和命令，从外部对人施加暴力是不会产生爱情的。

——瓦西列夫

身边的故事：恋爱中的暴力到底有多可怕？

李明遇到文丽，两人很快陷入热恋并决定同居。刚开始一切都很美好，但过了两个月，甜蜜的日子似乎过完了，李明开始忽略文丽的需要和感受，不但经常晚归，对她大吼大叫，甚至有时还会动手，还总是花她的钱。在几次争吵中，文丽还被李明用晾衣架打得遍体鳞伤，甚至还拿起菜刀威胁文丽，吓得文丽逃到朋友家躲了几天。虽然他这么恶劣，但文丽还是和他在一起。他的态度越差，她就越容忍他。文丽的朋友都劝她赶紧离开李明，以后再家暴时就报警，但文丽还是一次次地选择了忍让。

想一想：

李明对文丽动手，是暴力吗？

文丽应该离开李明吗？

对暴力应该容忍吗？

写一写：

记下思考的内容。

____

____

____

如果用一种花来象征爱情，多数人都会选择玫瑰。不只是因为它艳丽的、鲜红似血的颜色，还因为它那一身尖刺。玫瑰很美，但不小心也会被它扎破手指。这就如同爱情，它是一把双刃剑，不仅可以给我们带来无尽的幸福体验，也可以刺伤我们。亲密关系中的暴力和控制，如同尖刺，会伤人。如果我们处理不好，会受到伤害，甚至是深受其害。

第一节　亲密关系暴力概述

世界卫生组织(WHO)将“亲密关系暴力”一词界定为在家庭、婚姻、同居、约会等不同亲密关系中存在的暴力问题。美国心理学者梅克皮斯(1981年)将亲密关系暴力定义为“在亲密关系双方的交往和发展过程中,一方在生理、心理或性方面对另一方进行控制、支配和攻击,并对对方造成一定程度伤害的任何相关行为”。概括来说,亲密关系暴力是指在亲密关系中,伴侣中的一方为了设法控制另一个人的思想、价值观或行为,或为了惩罚另一方,而采取的暴力或强制行为。亲密关系中的暴力除了肢体上的暴力外,还包括施暴者通过强制、恐吓、威胁、命令等使对方感到恐惧、害怕、负罪感,及跟踪调查和限制外出,控制对方的经济来源或经济适用,或者一直强调都是对方的过错等多种方式,对对方进行操纵和控制。

第二节　亲密关系暴力的分类

亲密关系暴力大体可以分为以下几种类型。

(一)身体暴力

身体暴力指的是亲密关系中的一方对另一方的身体所施加的伤害行为,也就是俗称的家暴。身体暴力可以是打耳光等轻微的伤害行为,也可以是拳打脚踢,使用棍棒、刀具等严重的伤害行为,甚至是更为严重的危及生命安全的伤害行为。

(二)言语暴力

言语暴力指的是亲密关系中的一方对另一方所施加的言语伤害,比如辱骂、威胁、恐吓等言语举动。言语暴力虽然没有身体暴力那样对对方造成直接的身体安全方面的伤害,但却容易对对方的自尊、自信、心灵造成严重的伤害,有些人在言语暴力之下可能会出现因不忍屈辱而自我伤害甚至是自杀等危及生命安全的行为。相对于身体暴力,言语暴力可能更为普遍,其危害性更容易被大众忽略。

(三)心理暴力

心理暴力指的是亲密关系中的一方通过不断重复地使用言语或其他诡计,

对另一方施加心理压力，致使对方的生活品质降低，造成对方的精神或心理状况发生不良改变，比如变得抑郁、焦虑、恐慌、郁郁寡欢，严重的可能会患上抑郁症、焦虑症等精神疾病。

（四）控制暴力

控制暴力指的是亲密关系中的一方通过限制对方的行动自由和精神自由等，导致对方在行为或心理上被控制。控制暴力可以大体分为行为控制和心理控制两类。行为控制往往是通过不同程度地限制对方的行动自由和人身自由，来对对方的身体和行为进行控制。心理控制往往是通过在心理和精神上对对方施加压力，导致对方慢慢接受自己被控制的事实，与心理控制相伴随的往往是习得性无助感。“习得性无助”是一个心理学名词，它是指通过学习而形成的一种对现实的无望感和无可奈何的行为、心理状态，比方伴侣中的一方因为重复的失败或遭受惩罚而最终选择了不再挣扎、任人摆布。

（五）性暴力

性暴力指的是亲密关系中的一方在性方面对另一方所施加的暴力行为或言语伤害。世界卫生组织将性暴力定义为“无论当事人双方是何种关系，以及在何种情形下，任何人通过强迫手段使另一方与其发生任何形式的性行为、企图发生性行为、令人厌恶的性暗示或性骚扰、买卖行为或其他另行说明的行为”。性暴力包括强迫、诱哄、威胁对方和自己发生性关系；或者使用和性有关的羞辱的语言；或者贬损对方的性器官（如指责女性伴侣为荡妇，指责男性伴侣性无能）；或者在伴侣不愿意进行性行为或某种特定形式的性行为时，对对方施以身体或言语攻击；或者是没有事先经过对方同意的 BDSM 行为，BDSM 是一个组合语汇，由绑缚（Bondage）与调教（Discipline），支配（Dominance）与臣服（Submission），施虐（Sadism）与受虐（Masochism）等词共同构成。严重的性暴力会构成不同程度的犯罪。《国际刑事法院规约》将“性奴役、强制卖淫、强迫怀孕、强制绝育或其他任何形式的严重程度相当的性暴力”列为犯罪行为，需要承担相应的法律责任。

第三节　亲密关系暴力特点

（一）亲密关系暴力的明显特点

亲密关系暴力的特点有很多，其核心特点可以概括为：使用权力和控制。外在暴力的内在表现就是不同程度的控制，暴力是外在表现，控制是内在核心。

其明显特点有：

1. 使用物理上的威胁或强迫

例如，威胁对方进行身体方面的伤害，或者实际上已经实施了身体伤害行为；威胁对方如果不答应自己的条件就选择分手，或者自杀，或者将对方赶走、抛弃等；强迫对方做自己希望对方做而对方却不愿意做的事情，包括做非法的危及对方自身或公共安全的事情。

2. 使用情感暴力

例如，使用言语侮辱、贬低对方，让对方觉得自己没有价值，都是自己的错，自己是一个罪人，就该受到惩罚，就该在当事人面前俯首称臣、俯首帖耳；给对方起一些具有侮辱和贬低性质的外号，如贱人、奴隶、狗，让对方称自己为主人、爸爸、妈妈等；刻意歪曲事实，让对方感觉自己的想法、行为举止等是不正常的，简直是疯子的行为；对对方进行道德绑架，令对方产生深深的罪恶感，进而控制对方的思想。

3. 使对方感到不安全和恐惧

例如，使用表情、行动和手势让对方感到恐惧、害怕；通过扔东西、砸东西等破坏物品的行为对对方形成威慑和造成物质损失；故意虐待对方喜欢的宠物等投入情感的物件；刻意展现自己的武器等具有伤害性的物品，让对方受制于自己，不敢反抗。

4. 使用孤立策略

例如，通过各种方式控制对方能做什么，能去哪里，能见什么人，能和什么人说话，能获取什么信息，严格限制对方的社交范围、活动范围；以为对方的安全考虑、都是为对方好、怕对方受到伤害等言辞为借口，借由爱的名义将对方孤立起来，以保证对方在自己的持续控制之下。

5. 使用性别特权

例如，男方将女方当成仆人对待；男方借助自己身强力壮、是家庭的经济来源等来控制对方；把自己当成“主人”一样来向对方发号施令；对对方进行洗脑，单方面定义男性和女性在关系中应该扮演的角色和分工。

6. 使用经济控制和威胁

例如，禁止或者妨碍对方外出工作、求职，要求对方在家照顾孩子、主持家务，剥夺对方掌握经济权力的机会，迫使对方在经济和金钱方面依赖自己；要求对方将自己的工资、收入全部交由自己来管理和支配，不允许对方藏私房钱，或者只允许留有一定的零花钱；不让对方知道家庭的财产状况，或者完全剥夺对方动用家庭财产的权力。

7. 指责、否认以及淡化

例如，指责是对方发起、引起了暴力行为，自己之所以实施暴力，都是因为对方做了错事，自己被对方激怒才这么做，不是自己的错；淡化暴力对受害人造成的伤害，认为自己并没有对对方造成伤害，甚至否认暴力曾经发生过，不承认自己实施了暴力行为，或者谎称造成的伤害微不足道、不值一提，忽略受害方的情绪感受。

（二）大学生亲密关系暴力的主要特点

大学生亲密关系暴力可以概括为以下几个特点：

1. 大学生亲密关系暴力具有一定的高发性

国外和国内的相关研究表明，亲密关系暴力在大学生群体中具有一定的高发性。国外的一项研究结果显示，处于亲密关系中的大学生有不同程度的暴力经历，其中身体暴力占比为16.7％，性强迫相关行为占比为18.9％，精神暴力占比达到51.8％。国内的一项研究结果显示，在大学生群体的亲密关系暴力中，身体暴力占比为18％，性暴力占比为5.1％，精神暴力占比为33.6％。

2. 精神控制是主要的暴力表现形式

从以上研究可以大体看出，在大学生亲密关系暴力中，精神暴力是主要的关系暴力形式。相对于我们普遍意义上理解的身体暴力，在大学生亲密关系暴力中，精神控制是更为普遍的形式。通常所说的PUA（Pick-up Aritist，原意是指“搭讪艺术家”，其原本是指男性接受过系统化学习、实践并不断更新提升、自我完善情商的行为，后来泛指很会吸引异性、让异性着迷的人和其相关行为），就是典型的精神控制。

3. 冷暴力的情况比较常见

所谓冷暴力，是指不是通过常规的暴力表现出来的暴力形式，其表现形式多为通过对对方表现冷漠、不理对方、不回对方的信息、拒绝见面、有意疏远、漠不关心等多种形式，致使对方在身心上受到一定程度的伤害。如果说常规的暴力是亲密关系中的一方通过做点什么来对对方的身心产生影响和伤害的话，那么冷暴力就是亲密关系中的一方通过拒绝做点什么或者什么也不做来对对方的身心产生影响和伤害。

第四节　亲密关系暴力的发生原因

亲密关系暴力为什么会时不时发生在我们的身边呢？亲密关系是爱的温床，怎么会滋生出暴力呢？下面是解释亲密关系暴力的几个重要视角。

(一)亲密关系中的权力分配不公平

良好的亲密关系是伴侣双方在权力分配方面整体均衡的状态,权力分配不公平往往会导致关系中的严重倾斜,并容易走向控制与被控制、施暴与受暴的极端。我们可以使用相互依赖理论中的知识来对亲密关系中的暴力进行分析和解读。在相互依赖理论中,人际关系的期望收益,有两个关键的标准,一个是比较水平,即我们的期望值,它是衡量关系满意度的标准。另一个标准就是替代的比较水平,即如果我们抛弃目前的亲密关系,转而去寻找可以选择的更好的伴侣所得到的交往结果。即使我们对目前的亲密关系不满意,哪怕是我们在亲密关系中受到了不公平的待遇,甚至是遭受了暴力对待,主观意愿希望结束这段亲密关系,但在没有更好的替代选择出现之前,我们也不会轻易脱离现在的关系。这能够比较好地解释为什么在现实生活中,一些人即使在亲密关系中遭受到了亲密暴力或控制,依然选择维持关系,而不是选择离开。或许是因为维持关系所得到的获益要远大于摆脱控制和虐待及离开关系的获益之和;或许是因为离开这段关系所承受的损失要远大于维持关系所遭受的损失。尤其是当施暴者威胁,如果受害者选择离开或逃走,将会面临自身或家人的生命安全或名誉安全方面危险的时候。

亲密关系中的权力分配不公平往往是导致暴力的重要原因。替代的比较水平越高,对于亲密关系的依赖程度就越低;替代的比较水平越低,对于亲密关系的依赖程度就越高。而亲密关系暴力的施暴者往往是替代的比较水平更高,选择的机会更多,因此也就更不依赖于亲密关系,也就在无形中增加了自己在关系中的权力。当他再去使用这种权力进行控制时,就容易将自己的权力进一步提升,同时令对方的权力进一步下降,进而进入了一个亲密关系权力分配不公平的恶性循环。恶性循环进一步加剧,就会令亲密关系中的暴力和控制进一步加剧。这就会导致受害方的权力越来越小,发言权越来越小,越来越难以抵抗高权力一方的权力压制。在现实生活中,亲密关系的暴力之所以持续、稳定存在,往往是这种权力不公导致的。

(二)不安全的依恋

如果伴侣中的一方或双方对于亲密关系缺乏安全感,往往会要么回避交往,变得彼此越来越疏远,要么就会试图去控制对方,慢慢走向暴力的边缘。有关依恋的相关理论,我们已经在之前进行了详细的介绍,接下来我们使用依恋理论对亲密关系中的暴力进行分析和解读。我们之前提到了成人的依恋类型分为安全型、痴迷型、恐惧型和疏离型四种。每一种依恋类型的人在亲密关系中的暴力方面会表现出不同的特点。

1. 安全型依恋类型的人不容易卷入亲密关系暴力

安全型依恋类型的人信任感和安全感相对比较足。他们在追求自己的独立性和与人交往的群体性方面相对比较均衡，既可以一个人安静地待着，也可以两个人甜蜜地在一起，他们不需要通过保持和对方一直在一起而获得安全感，也不太会担心对方会背叛自己。因此，他们就不太需要通过控制对方来让自己感到安全，也不需要依赖对方来让自己感到安全，也就不太容易在亲密关系中实施暴力和控制。同时，他们自身具有充分的安全感，也就不需要依赖别人，因此也就不容易成为亲密关系中暴力和控制的受害者。安全型依恋类型的人与其他任何依恋类型的人谈恋爱，都不太容易成为亲密关系中的施暴者或受害者。

2. 痴迷型依恋类型的人容易成为亲密关系暴力的施暴者

痴迷型依恋类型的人在信任感和安全感方面相对比较差。他们因为缺乏安全感，特别希望通过和另外一个人在一起而让自己感到安全。和对方在一起的时候，他们会感觉到暂时的安全感；一旦对方不在身边，他们就变得慌乱和躁动起来，“对方会不会离开我？”“对方会不会背叛我？”“对方会不会像我对他那么好一样来对待我？”“如果有一天他离开我了，那简直糟透了。”……这些消极的想法就会冒出来。为了让自己消除不安，为了防止自己所担心的事情发生，他们就会想尽各种办法去确保对方不离开自己。但很可惜的是，他们为维持爱情所付出的努力往往会变成对对方的控制和约束，比如不准对方和其他的异性交往，嫉妒心十分强，监督对方的举动，控制对方的行为，在遭到对方的反抗后还可能会演变为暴力行为。从某个角度而言，他们并不是有意去控制对方，或者对对方实施暴力，他们只是担心失去对方而已，最终的结果却是爱变成了控制和暴力，而这种控制暴力则会逐步将亲密关系带向终结的边缘。他们在无形中变成了亲密关系暴力的加害方，成了施暴者。对方可能最终因为受不了他们而选择离开。对于他们的行为，我们可以简单概括为“因为太爱，所以失去”。所以，只有爱并不能万事大吉，也不能解决问题。相比其他依恋类型的伴侣，痴迷型依恋类型的人在与恐惧型依恋类型的人恋爱时，容易成为亲密关系暴力的施暴者。而在与同为痴迷型依恋类型的人谈恋爱时，容易出现双方竞争施暴者角色的情况。

3. 恐惧型依恋类型的人容易成为亲密关系暴力的受害者

恐惧型依恋类型的人在信任感和安全感方面也相对比较差。不同于痴迷型依恋类型的人，恐惧型依恋类型的人在关系中相对比较被动，他们所需要的亲密距离不像痴迷型的人那么近，在关系中的主动投入也相对较少，对关系亲密度的期待也相对较少。因此，恐惧型依恋类型的人不太会在亲密关系中实施暴力，也不太会试图控制对方。即使试图控制对方，也不会像痴迷型的人那么强烈和严重。尽管如此，恐惧型依恋类型的人却可能会成为亲密关系暴力的受害者，他们更可能会通过迁就对方、讨好对方的方式来维持亲密关系。如果他们与痴迷型依恋类型的人谈恋爱，则更可能会成为亲密关系暴力的受害者；如果他们与安全型依恋类型的人或疏离型依恋类型的人谈恋爱，则不容易成为亲密关系暴力的受害者。

4. 疏离型依恋类型的人容易成为亲密关系暴力的施暴者

疏离型依恋类型的人在信任感和安全感方面十分不足。他们就像是穿着一层厚厚的防护衣，尽量远离人群，对人多采取退避三舍的态度，和别人在一起会让他们感觉到很不舒服，他们也不怎么信任别人。他们特别强调自己的独立性和自由，他们的独处需求要远远大于交往需求，一个人待着或许是让他们感到比较安全、轻松自在的好方式。在亲密关系方面，他们就像是一个“雌雄同体”的动物，不太需要通过建立亲密关系来让自己感到安全。他们对于恋爱的需求往往很微弱，甚至是非常排斥。即使建立了亲密关系，他们也不会太过亲近，因此，他们不太容易受制于伴侣，不太容易成为亲密关系暴力的受害者。但因为他们对亲密关系的需求相对于伴侣而言更低，在亲密关系的权力分配中往往会处于优势地位。他们的态度无形之中就会导致对方的挫败感和情感剥夺，因此，他们也可能在无意中成为亲密关系中冷暴力的主角。

当然，以上的分析只是基于不同依恋类型的人的群体表现特征进行的，并不一定完全适用于个体。因此，我们不能生搬硬套地将所学到的东西强行解读、过度解读，否则就违背了人的心理变化、流动的特点和个性化差异很大的事实，导致自我误导或误导别人。

（三）关系中的宿命信念

“关系信念”指的是人们对于某种关系的一种固定的观念认识。亲密关系中的关系信念指的是人们是如何看待亲密关系及其变化的，可以分为两类：宿命信念和成长信念，其中宿命信念容易导致亲密关系暴力的发生。

秉持宿命信念的人，往往都持有一种绝对化、固执和僵化的宿命论观念，它们认为亲密关系是天注定、不能改变的，它断绝了人成长和改变的空间，让人们陷入绝望和无助。比如，“爱我就应该接纳我的一切”“嫁给我就要听我的”“爱可以解决一切问题”“嫁鸡随鸡，嫁狗随狗”“对于现在的关系，我什么都做不了，只能认命”“伴侣之间不能有任何隐瞒和秘密”“你是属于我的，无论什么时候，什么原因，你都不能背叛我”“女人就应该大门不出、二门不迈，一心相夫教子”

“在家从父，嫁夫随夫”……这些都是典型的宿命信念，它们的存在，在很大程度上限制了人选择的自由性和自主性，对亲密关系的发展起到了明显的阻碍作用，甚至带来无尽的绝望。

秉持宿命信念的伴侣，容易成为亲密关系暴力的施暴者或受害者。施暴者的典型宿命信念可以概括为“我可以决定你的行为和命运”，而受害者的典型宿命信念则可以概括为“你可以决定我的行为和命运”。宿命信念就好比是一种迷信思想，我们称为“迷思”，通俗点说，也就是看起来比较靠谱，实际上却很不靠谱的观念或想法。施暴者的典型迷思就是“借着替你思考和行动，我能使你有好的感觉（或不好的感觉）”。受害者的典型迷思则是“借着替我思考，你能使我有好的感觉（或不好的感觉）”。当分别持有这两种迷思的人组成伴侣时，最容易出现亲密关系暴力行为。

（四）对自己或对方能力、价值、权力的漠视

亲密关系中的暴力和控制之所以会发生，甚至是持续多年，与施暴者和受害者彼此的“漠视”有着密切的关联。

1. 漠视的概念

“漠视”是沟通分析理论中的一个重要概念，它指的是人们在面对问题时，会无意识地忽略有助于解决问题的信息，进而阻碍了人们有效地应对和解决问题。漠视是一种机械作用，导致人们忽视、扭曲关于自己、他人或现实的某些事实。漠视的典型特点是夸大，每一个漠视都伴随着夸大的性质，夸张了现实的某些部分，却忽略了现实的其他部分。就拿亲密关系中的暴力和控制来说，施暴者在对另一方实施暴力和控制的时候，过分夸大了自己的权力、能力和决定权，却漠视了对方的权力、尊严、解决问题的能力、选择的自主性。而受害者在被动接受暴力和控制的时候，也过分夸大了施暴者的权力、能力、决定权，以及解决问题的能力，却漠视了自己的权力、尊严、选择的自主性、解决问题的能力。由于双方分别夸大了某些部分而漠视了某些部分，这容易导致暴力、控制的持续。

2. 漠视的四个层次

漠视大体可以分为四个层次，即漠视问题的存在、漠视问题存在的意义、漠视改变的可能性、漠视个人的能力。

（1）漠视问题的存在。这是最为严重的漠视，以至于人们对于问题本身视而不见。比如，施暴者明明对伴侣实施了暴力行为，却完全漠视掉它，否认曾经对伴侣造成了伤害，不承认自己的所作所为。受害者明明受到亲密关系暴力，却依然认为伴侣对自己很好，很爱自己，从来没有伤害过自己。又如，在 PUA

实施过程中,受害一方深深认同对方虐待自己其实是爱自己的表现。这与斯德哥尔摩综合征非常相似,斯德哥尔摩综合征就是漠视问题存在的典型表现,它是指被害者在特定的环境及其影响之下,对于犯罪者产生扭曲的正面情感,甚至反过来帮助犯罪者摆脱罪行的一种情结。这种情感造成被害人对施暴者产生好感、依赖性,甚至协助加害人。之所以会出现这种情况,是因为人在极端的孤立情况下会采取一种应对策略,这种策略可能一时有用,却被受害者过分美化和泛化,以至于被害者甚至都坚信对方不是在虐待自己,而是在关心自己。当对遭受的暴力已经变得习以为常时,受害者可能会采用"否认"这一心理防御机制,否认自己遭到了暴力虐待。施暴者也可能会使用"否认"这一防御机制,完全忽略了自己的暴力举动。

(2) 漠视问题存在的意义。漠视问题存在的意义指的是注意到了问题的存在,但却忽视了它存在的意义及对人们的影响。比如,施暴者承认对受害者实施了暴力行为,但他却认为这并没有对受害者造成伤害,或者伤害远远没有受害者所说的那么大,是受害者在大惊小怪、小题大做。受害者也可能会漠视问题存在的意义。有的受害者虽然因为关系暴力导致自己的身体受到了很大的伤害,或者是被严重限制了人身自由,并且他的朋友们都在建议他选择反抗,或者报警,但他却依然对于朋友的建议及可能存在的风险置若罔闻。这在无形之中会进一步纵容施暴者继续实施暴力或控制。

(3) 漠视改变的可能性。漠视改变的可能性指的是虽然注意到了问题的存在及存在的意义,却认为并不能改变现状。比如,亲密关系暴力的受害者虽然清楚地意识到自己遭受了暴力,并清楚暴力对自己所产生的伤害,却并不认为可以改变现状,而是选择了默默承受。虽然在别人看来,他完全可以从暴力和控制中摆脱出来,但他却坚定地认为自己不能从所处的不良处境中解脱出来。

(4) 漠视个人的能力。漠视个人的能力指的是虽然注意到了问题的存在及存在的意义,也清楚现状是可以改变的,问题是可以解决的,但却认为别人可以做得到,自己却做不到。当他从认识上都已经自我放弃时,也就不会努力做些什么去试图改变现实了。比如,亲密关系暴力中的受害者秉持着"嫁鸡随鸡,嫁狗随狗"这一宿命信念,认为自己根本不能从施暴者的魔爪中挣脱出来。

3. 漠视在生活中的表现

漠视在现实生活中的典型表现可以概括为四种被动行为:什么也不做、过度适应、烦躁、无能或暴力。

(1) 什么也不做。这一点主要体现在亲密关系暴力的受害者身上,他们虽然遭受到了不公平的对待,却并不采取任何举动来改变现状。就好比希腊神话中宙斯的儿子丹达罗斯,他受到诅咒永远站在水池中间不能离开,一边是大量的食物，另一边是饮用的水，可是他两者都拿不到，又饿又渴地留在原地。在神话里，其实丹达罗斯只要移动一小步就可以拿到食物和水，但他却什么也没有做。

(2) 过度适应。这一点主要体现在亲密关系暴力中的受害者身上，对待来自施暴者的暴力和控制，他们并不选择抵抗，反而异想天开地认为只要一味地忍让和迁就，或者讨好，就可以让对方放弃实施暴力和控制。他们的想法和做法不但会落空，还会助长施暴者的嚣张气焰，导致暴力的升级和扩大化。过度适应的受害者会漠视自己的需求和情感，往往会采用“隔离”情感的心理防御机制，或者是采用“反向形成”的心理防御机制，虽然内心里非常讨厌和憎恨施暴者，却在外在行为上表现出对施暴者的接纳和服从，甚至是乐意接受。

(3) 烦躁。这一点主要体现在亲密关系暴力的施暴者身上。施暴者往往都是在情绪被激怒以后实施暴力和控制行为的，人在烦躁的情形下特别容易做出一些不理智的举动。有些施暴者在实施暴力后，会感到十分后悔，并承诺以后再也不这样了，但等到下次处于烦躁的情绪时，又会继续做出同样的行为。相比于其他类型的亲密关系暴力，这种暴力可能更容易被谅解，但这并不能让暴力行为终止，让事情好转。

(4) 无能或暴力。这一点同时体现在亲密关系暴力中的双方身上。无能主要体现在受害者身上，他们在亲密关系暴力中往往扮演的是一个无能者的角色，失去了正常的思考问题和解决问题的能力，表现得非常弱小，往往是被同情的一方。暴力主要体现在施暴者身上。他们是暴力的实施者，并对受害者造成伤害。他们往往是被谴责的一方，因为我们的社会规范是不主张使用暴力来解决问题的。其实，暴力的背后也是一种无能的表现。无能和暴力看似是两个极端，但其实他们在某种程度上是一致的，暴力是外在的表现，而无能则是内在的真实。对于很多施暴者而言，他们是很爱自己的伴侣的，他们本不想伤害伴侣，只是他们在通过自己的努力并不能让伴侣按照自己的期待行事时，或者说不能将伴侣塑造成自己所期待的样子时，会有深深的挫败感，甚至觉着自己很无能，进而转化为使用暴力的方式来掩盖自己无能的事实。痴迷型依恋类型的人比较符合这种情况，他们往往是以爱的名义在实施暴力。

第五节　如何避免和应对亲密关系暴力

要有效避免和应对亲密关系中的暴力，就要从导致暴力产生的原因着手。下面，我们将从增强独立性与自尊、提升依恋安全水平、减少和消除宿命信念、变漠视为重视四个方面来谈如何避免和应对亲密关系暴力。

（一）增强独立性与自尊

避免和应对亲密关系暴力，我们可以做的是：增强独立性与自尊，不过分依赖别人。

依据相互依赖理论，在亲密关系中，越是在经济、能力、心理等方面依赖于对方的一方，在亲密关系权力分配中就越处于劣势地位，越容易遭到不公平对待，甚至是暴力和控制。因此，增加自己的独立性，变得不再过分依赖别人，更有自尊心，就不容易受制于暴力和控制。

以下练习有助于我们增强独立性和自尊。

练习：与自己在一起

请找一个舒适的姿势坐好，闭上眼睛，放松身心。现在请想象一下，你和你伴侣的关系状况怎样，是否让你感到轻松，还是你更依赖于他/她？如果你感到自己很依赖你的伴侣，且担心对方有一天会离开你，这种担心有没有确切的依据呢？你有没有为了避免这种情况的发生而选择顺从和忍让？如果伴侣真的离你而去，你会感觉怎样？有没有感受到某种可怕的情绪？请与这种情绪一起待上几分钟，直到你的情绪平静下来。

现在，请你思考，事情真的如你想得那么糟吗？你的顺从和忍让真的能够留住对方吗？到底是什么让你们走到了一起？那些或许才是真正能够帮助你留住对方的有效方式。

（二）提升依恋安全水平

如何提升依恋安全水平，我们将结合以下案例来谈。

案例 1：女朋友总是不信任我，该怎么办？

张衡是一名研二的男生，他最近论文压力很大，而且心情很不好，感觉女友总是无理取闹，导致自己非常烦躁，不确定是否要选择分手，前来寻求心理咨询帮助。

张衡和女友文惠已经恋爱一年多了，两人都在读研二。他们彼此很相爱，感情也比较深，刚开始谈恋爱的时候是很幸福的。但女友有一个让张衡百思不得其解的地方，她总是对张衡不放心，担心他会移情别恋。虽然实际上没有任何潜在的竞争对手，张衡对文惠也很专心，但文惠总是疑神疑鬼，并在二人不见面的时候通过打电话、QQ、微信等方式联系张衡，询问他在做什么，并要求他一直保持手机畅通，每次联系他时，他必须马上回应。这让张衡感觉很不好，两人恋爱一年多了，连最基本的信任都没有，岂不是很可笑的事情。

就在前来咨询的当天，张衡因为实验室开会，将手机设置为静音模式，会议结束后就忙着完成导师布置的研究任务，没有看手机。而在会议期间，文惠给张衡打电话，发现没人接，就接连打了好多个电话，依然没人接听，文惠就通过QQ联系张衡，询问张衡在干什么，怎么不接自己的电话。张衡在电脑上看到QQ留言后，就解释说自己刚才在开会，手机静音了，没有看到，并跟文惠道歉。但文惠仍然不依不饶，表达自己的不满，说张衡根本就不在乎她，不够爱她。张衡怎么哄她都没用，又加上最近科研压力比较大，于是就指责文惠没事找事，简直不可理喻。这下文惠更受不了了，说张衡根本就不爱自己，是不是心里有别的女人了，威胁要和张衡分手。张衡一气之下就说："是，你说得对，我就是心里有别的女人了，分手就分手，有什么大不了的。"文惠听了以后，对张衡说："我就知道你会这样，果然男人都不值得信任，男人都不是好东西，你就像我的前两任男友一样，都是负心汉！"

张衡只是在愤怒之下说了一些气话来回击文惠，没想到她还当真了。他已经被文惠折磨得近乎情绪崩溃，想想这么久以来文惠总是没事找事，而自己则总是委曲求全，一让再让，越想越生气，实在是不知道该如何是好，最终在同学的建议下来到了心理咨询室。

从本案例中，我们可以看到，张衡和文惠彼此还是很爱对方的，感情基础还不错，但却闹到了要分手的程度。这是为什么呢？你如何看待文惠的做法？

文惠呈现出了比较明显的痴迷型依恋类型的特点，以及痴迷型依恋类型的人在亲密关系中容易出现的问题。它向我们传递了一个重要的信息："只有爱并不能万事大吉。"恋爱是一个过程，需要双方不断努力去经营，只有爱的动机并不够，还要有爱的能力。爱的能力中的一点就是要能够让自己情绪稳定，想法积极正向，要能够控制住自己内心深处可能会出现的令自己感到害怕甚至是恐惧的想法或画面。做到首先让自己安定，这样才能保障亲密关系的稳定与和谐，要给自己树一个座右铭——"无事莫寻"。

总之，不断朝向安全型依恋类型发展，提升依恋的安全水平，彼此信任，彼此尊重，是避免和应对亲密关系暴力的重要途径。

（三）减少和消除宿命信念

宿命信念容易让我们停留在亲密关系暴力中而什么也不做，而成长信念则是改变的重要推动力。秉持成长信念的人，往往都拥有一种非绝对化、具有灵活性和可变性的变化性信念的人。关系是变化流动的，可以朝不同的方向发展。就是因为这一点，才给人的努力提供了空间，让人们看到了希望和曙光。比如，"只要努力追求，一切都还有希望""只要梦想在，希望就在""虽然现在她不喜欢我，但这不意味着她永远不喜欢我""如果我做出改变，或许他还会给我机会”“虽然现在我们的关系出了问题，但将来会好的”“只要功夫深，铁杵磨成针”“爱情是我们追寻到手的”“如果他依然不改变，我可以考虑别的选择”……这些都是典型的成长信念，它们的存在，在很大程度上促进了人选择的自由和自主性，对亲密关系的发展起到了明显的促进作用，是一些非常好的座右铭，甚至可以给我们带来无穷的力量。

秉持成长信念的伴侣，不太容易成为亲密关系暴力的施暴者和受害者。如果他们遇到了施暴者，他们会想尽办法做出改变，避免暴力的发生或持续。如果他们遇到了容易成为受害者的人，他们也绝不会去做施暴者。因为成长信念的存在，他们可以抵挡住施暴者的“淫威”，拒绝做一个亲密关系暴力的受害者；也可以抵挡住成为施暴者的诱惑，拒绝成为亲密关系暴力的施暴者。

秉持成长信念，摒弃宿命信念，让未来充满希望和美好。依据前面所讲到的成长信念和宿命信念的相关知识，在遇到亲密关系暴力时，秉持成长信念，摒弃宿命信念，可以让我们看到希望，激发能量，想办法通过自己的努力和对外的求助，最终从亲密关系暴力中走出来。因此，如果你正在遭受亲密关系暴力，或正在走向成为亲密关系暴力受害者的边缘，那么就请树立坚定的成长信念，摆脱“厄运”。如果你正在因为宿命信念而充当着施暴者的角色，那么就请及时摒弃这些宿命信念，不再做一个施暴者。

（四）变漠视为重视

案例 2：我这么爱我男朋友，他却要跟我分手，到底为什么？

以下是一名处在恋爱苦恼中的女大学生的自述：

我是一名女大学生，我很爱我的男朋友。我们是大学同学，平时关系也很好，他对我也非常好，别人都说我们是非常般配的一对。但我还是对他不放心，总是担心他有一天会离开我，投入别的女人的怀抱。这是我绝对不能接受的，我太爱他了，我不能没有他。为了避免这种情况发生，我要求他不能和其他女孩子接触，更不能主动和别的女人搭讪。结果，昨天我男朋友说要和我分手，说虽然爱我，但实在受不了我了。我感到特别生气，我都是为了我们的将来着想啊，他怎么能这么对我，这对我太不公平了。我太痛苦了，快来救救我吧，我到底该怎么办？

在本案例中，这名女大学生很痛苦，她觉得自己已经为了爱情付出很多了，整天担惊受怕的，却没有换回应有的回报，反而是换来了男朋友要和自己分手的糟糕结果。最担心的事情马上就要发生了，她真的很无助，很痛苦，但她忽略了她给男朋友带来的也是痛苦。她只是站在自己的角度来去看问题，却忽视了男友的感受、需求和权益。这种爱虽然很强烈，但却很自私。如果你是她，你会怎么做？如果你是她男友，你又会如何感受，如何做？

在爱情关系中，有一个基本法则，那就是“自由大于爱”，如果一个人以爱的名义通过各种方式限制了对方的自由，那么对方往往会慢慢变得受不了，忍无可忍，最后选择分手。虽然这名女生的男友还爱着她，但这种爱让他感到窒息，只能忍痛割爱。有首诗说得好，“生命诚可贵，爱情价更高，若为自由故，两者皆可抛”，它表达了深刻的内涵。所以，我们要对这名女生说：“你是太爱你男朋友了，怕他离开你。这是你的主观感受，但你带给他的是什么呢？他感受到的或许是约束，是限制，是不信任。你试着想想，如果你男朋友整天禁止你和其他的男性往来，不信任你，监控你，你会感觉如何？因此，你可以考虑改变你的方式，既然爱男朋友，那就通过有效的行动表达出来，既然担心男朋友会离开你，那就把你的担心告诉他。如果你能这样做，相信会得到不一样的结果。因为你男朋友还爱着你，所以你及时作出改变的话，很可能还为时未晚。”

上面我们讲到，亲密关系暴力之所以发生，往往与漠视有关。施暴者和受害者往往会漠视了某些内容，而又片面地夸大了某些内容。要解决漠视的问题，就需要变漠视为重视，将自己漠视掉的部分进行深入的自我觉察和亲身实践。对于施暴者而言，需要重视对方的权力、尊严、能力、需求和意愿等。对于受害者而言，需要重视自己的权益、尊严、能力、需求和意愿等。下面的“漠视检测”练习可以帮我们更好地认识到这一点。

练习：施暴者风险检测

在与伴侣交往的过程中，你有没有更关注自己的需求，而相对忽略了对方的需求？有没有为了自己的需要而想方设法让对方做一些他/她不愿意做的事情？有没有因为对方令你不开心而对对方进行了身体、言语等方面的限制、暴力、控制？

____

____

____

____

练习：受害者风险检测

在与伴侣交往的过程中，你有没有更加关注对方的需求，而忽略了自己的需求？有没有为了满足对方的需要，或为了讨好对方，逼迫自己做一些很不愿意做的事情？有没有遭受到来自对方的身体、言语等方面的限制、暴力、控制？

____

____

____

____

心理测试

亲密关系信念测试

下面这个心理测试用来测查你对于亲密关系的信念。

请认真阅读以下描述，选择你认为适合的描述并打“√”，“1”表示强烈反对，“7”表示强烈同意。

序号	描述	强烈反对	非常不同意	不同意	既不同意也不反对	同意	非常同意	强烈同意
1	谈恋爱的情侣要么能和睦相处，要么格格不入	1	2	3	4	5	6	7
2	理想的亲密关系是逐渐发展的	1	2	3	4	5	6	7
3	美满关系的关键往往是从一开始就要找到般配的伴侣	1	2	3	4	5	6	7
4	亲密关系中的挑战和障碍只会让爱变得更深厚	1	2	3	4	5	6	7
5	恋爱中的情侣要么注定能融洽相处，要么不能	1	2	3	4	5	6	7
6	美满关系的关键往往是要学会与伴侣一起解决冲突	1	2	3	4	5	6	7
7	亲密关系如果开局不太好，必然会以失败告终	1	2	3	4	5	6	7
8	美满的关系是经过艰苦努力和解决双方的矛盾而形成的	1	2	3	4	5	6	7

评分标准：宿命信念＝奇数项相加之和；成长信念＝偶数项相加之和。

结果解释：奇数项评价的是宿命信念，偶数项评价的是成长信念。如果奇数项的得分越高，而偶数项的得分越低，那你就是一个宿命信念更强的人。如果奇数项的得分越低，而偶数项的得分越高，那你就是一个成长信念更强的人。

资源共享

图书推荐：《人间游戏：人际关系心理学》

《人间游戏：人际关系心理学》是2014年中国轻工业出版社出版的图书，作者是艾瑞克·伯恩。伯恩认为，沟通中的游戏是造成人们心情沮丧、彼此伤害的重要原因。伯恩是一位有心的心理学家，他将发生在日常生活中的各种游戏一一结集，根据出现情境的不同，分为生活游戏、婚姻游戏、聚会游戏、性游戏、地下游戏、咨询室游戏和好游戏等几十种，一一加以命名、讲解、分析和研究，使读者透过这些游戏可以对自己、对沟通对象、对生活中的搭档或配偶有更清楚的认识。亲密关系中的暴力和控制，从某个角度而言也往往都是一种心理游戏的呈现，这在本书的婚姻游戏、性游戏等方面都有很好的论述。本章所讲的有关心理游戏的理论论述在本书中有详细的介绍。

剧集推荐：《不要和陌生人说话》

《不要和陌生人说话》是中国第一部直观反映家庭暴力的影视作品，主要讲述了医界名流安嘉和与妻子梅湘南新婚燕尔之时，丈夫对妻子的言行难以信任，新婚家庭因此蒙上了猜忌和家庭暴力的阴影的故事。

第八章　爱的终点

未经失恋，不懂爱情；未经失意，不懂人生。

——周国平

身边的故事：失恋了，怎么办？

吴宇，性格内向沉稳，固执，比较容易满足。王岚比较漂亮文静，不太善于表达，争强好胜。一年前经别人介绍两人相识相恋，这是吴宇的初恋，他特别珍惜，凡事尽力顺着王岚，朋友们觉得他有点委曲求全，吴宇也觉得自己在感情里付出的更多一些。相恋后，感情相对比较稳定，但因个性不合、观点分歧，偶尔发生争吵，最后都是吴宇道歉，两人最终和好。最近，因第三者插足，王岚提出要与吴宇分手，吴宇失恋了。失恋对吴宇来说是一个沉重的打击，吴宇一时难以接受，多日来，他借酒消愁，情绪低落，心烦意乱，无暇顾及学业和生活。他很想去挽回，每每想起两个人曾经在一起的美好时光就让他泪流满面，失恋的痛苦就像恶魔一样，无情地吞噬着他的心。得知已无法挽回后，吴宇想要报复王岚，迅速开始一段新的恋情，证明还是有人爱自己的，天涯何处无芳草，并且对王岚产生了怨恨，经常在宿舍破口大骂甚至诅咒她……

想一想：

失恋之后人们常会有什么心理？

分手之后，你会怎么办？

如何走出失恋的阴影？

写一写：

记下思考的内容。

____

____

____

美国发展心理学家埃里克森认为，成年早期（18～30岁）的主要发展任务是发展亲密感，体验爱情，避免孤独感。恋爱与失恋是大学生自我成长道路上的必修课，它可以帮助大学生建立亲密关系、探索自我，最终成为成熟的个体。如果说爱情是甜蜜的、美好的、令人向往的，失恋则是苦涩的、让人痛彻心扉的，令我们唯恐避之不及。

美国心理学者巴塔利亚等人(1998年)研究发现，超过85%的人一生中至少会经历一次失恋。分手在大学生中是非常普遍的现象。那么，为什么分手那么让人痛彻心扉？大学生通常因为什么原因分手？分手之后大学生具有什么样的心理特点？接下来我们将围绕这些话题一一展开。

第一节　分手为什么让人如此痛苦

失恋对于任何人来说都是一杯浓烈的苦酒。分手之后，曾经的美好回忆会不断地敲打失恋者的心弦，让其食之无味，辗转难眠，情绪低落，社交退缩，影响大学生的学习、生活、工作和人际交往，严重者甚至因为失恋而抑郁、自杀等。

(一) 分手令人痛苦的原因

首先，分手真的会让人体验到“心痛”。分手是一种典型的社会拒绝行为。分手之后，被分手者被主动提出分手的一方有意地排斥，不再愿意与其继续保持亲密关系，拒绝亲密互动。而有研究发现，遭到社会拒绝后，人们的大脑中控制身体疼痛感觉的区域变得活跃起来。也就是说，遭遇社会拒绝后，个体的身体也正在体验着真实的疼痛。

其次，分手威胁了人们的自尊。人们都有爱与自尊的需要，渴望得到别人的欣赏、喜欢与认可，失恋者通常会不断反思，是不是自己不够优秀或者哪里做得不够好才导致对方离自己而去；如果自己足够好，对方是不是就不会离开自己。而且，在恋爱中，对方是自己的重要他人，个体受对方的影响形成了互依性自我概念，分手威胁到了两人关系中产生的相互依赖，而这种依赖反过来又威胁到个人的认同，导致个体出现身份迷失、自尊受挫。

再次，分手打破了双方的行为模式。恋爱中的双方组成了情感共同体，建立了一套专属二人的行为模式，创建了许多双方共享的心理体验。失恋是情感共同体的解体，打破了恋爱双方已经习惯的行为模式，而习惯可以让人内心体验到安全和稳定感，曾经美好的心理体验还会不断吞噬失恋者的内心，加剧失恋带来的痛苦。

最后，分手是一种社会丧失，会对人们的情绪、认知和行为产生广泛影响。情绪上，会伴随着恐惧、愤怒、恐慌、担心、悲伤、焦虑和情绪麻木；认知上，出现记忆困难，难以集中注意力；行为上，失去目标或失去生活方向，无法完成工作或学术任务等；躯体上，出现诸如食欲不振、失眠、体重减轻、免疫系统功能下降等症状。而且，人们对失去的痛苦会远远大于得到的快乐。经济心理学的研究已经证实了这一结论。人们对损失和获得的敏感程度是不对称的,损失带来的痛苦感要大大超过获得的快乐感。总之,恋爱关系的破裂会引发个体强烈的负性情绪反应,分手之后大学生通常会非常痛苦。

(二) 影响分手过程中痛苦时间、强度的因素

1. 谁提出的分手

与主动提出分手者相比,失恋对被分手者的负面影响更大,其分手后会更痛苦。

2. 关系的亲密程度

关系越亲密,双方情感卷入越多,分手带来的痛苦越强烈。

3. 关系持续的时间

关系持续的时间越长,双方的情感依赖越强,分手带来的痛苦持续的时间越久、越强烈。

4. 重新开始新的关系

分手之后,开始一段新的恋情可以带来甜蜜感,提升自信心,一定程度上可以缓解失恋带来的痛苦。但这种应对方式也有一些弊端,在后面的章节我们会深入讨论。

5. 所拥有的社会支持资源

与拥有较少社会支持的失恋者相比,拥有较多社会支持的失恋者失恋之后得到的物质支持和精神支持更加充足,可以化解失恋带来的痛苦,帮助其更加快速地走出分手的阴影。

6. 依恋类型

焦虑型依恋类型者更难从失恋中恢复,他们对前任常常念念不忘,分手后更加悲伤、痛苦,而安全型依恋类型者则能更好地应对分手,更能接受分手已成定局,更容易利用身边的社会支持资源帮助自己从悲痛中恢复过来。

分手带来的痛苦会持续多久?在美国心理学者斯巴拉和埃默里(2005 年)的研究中,研究者让 58 名近期刚刚结束一段至少谈了 4 个月恋情的大学生持续报告了 28 天的日常情绪体验,并比较了他们与另外 30 名正在谈恋爱的大学生在对前/现任的爱意、愤怒、痛苦以及释怀(以释怀、自由、勇气和力量为指标)等指标上的差异。结果发现,与正在恋爱中的大学生相比,分手初期,失恋者体验到了更强烈的愤怒、痛苦,他们走出痛苦的勇气和力量也较低。两周后,随着失恋者对前任的爱逐渐减弱,他们的愤怒和痛苦降低,但无法释怀,勇气和力量还比较低。然而,他们分手后的适应仍在继续。四周后,失恋者并不比恋爱中的同学更痛苦,他们开始释怀,勇气和力量开始上升。两个月后,失恋者对前任

的爱意随时间推移继续直线下降，勇气和力量逐步恢复。可见，分手的痛苦及持续时间往往没有想象的那么可怕，而时间是治愈失恋痛苦的良药。

第二节 分手的原因与心态

（一）分手的原因

有研究表明，大学生分手的主要原因如下：

1. 缺乏两情相悦的感觉

或许是持续、激烈的冲突，或许是因为异地恋、异国恋、学习、工作太忙等原因没有时间在一起，或许是因为彼此在性格、兴趣、价值观、生活态度、生活习惯等方面的不同，又或许是因为感到厌倦……让一方或双方不再有两情相悦的感觉，最终导致分手。

2. 感情缺乏亲密感

双方缺乏沟通，忽视对方的需要，对感情投入较少，对对方缺乏关心、支持，不信任对方……让一方或双方对关系不满意，最终提出分手。

3. 感情限制了自主性

双方的关系过于紧密，整天黏在一起，双方的工作、学习、人际交往受到影响，其中一方想要更多的自由，希望可以有更多时间用在学习、工作、与朋友相处、独处等方面；或者一方控制欲、占有欲较强，限制另一方的人际交往，如不允许男朋友/女朋友与其他异性交往等；或者一方感到另一方想要太多的承诺……最终导致恋情以分手而告终。

4. 激情消退

激情消退之后，发现对方身上有很多不喜欢的缺点；仍然无法接受对方外貌上的不足，被其他更有吸引力的异性吸引；双方关系的不平等，一方利用或被剥削另一方，被利用或被剥削的一方不再继续忍让、委曲求全……最终导致双方关系的破裂。

5. 出轨

其中一方或双方对待感情不忠，在双方尚未正式分手之前精神出轨或肉体出轨，第三者插足，也是大学生分手的常见原因之一。

研究者发现，感情缺乏两情相悦的感觉、缺乏亲密感、限制了个体的自主性，这三个原因是大学生分手最主要的原因。此外，来自家人的干扰或阻挠，双方在学历、家庭背景等方面的不匹配也可能造成大学生分手。

（二）分手后的负性情绪

如前所述，失恋是非常痛苦的，分手不可避免地对个体的心理产生重大影响，打击个体的自信心，对失恋者的信任感和安全感产生威胁，还有可能改变一个人的性格，有些人甚至因为长期无法走出失恋的阴影而患上抑郁等精神疾病。那么，失恋之后，人们典型的心理特征是什么呢？研究发现，分手之后，个体的心理既有差别，又有一些共性。概括来说，分手之后，失恋者情绪波动较大，会体验到强烈的悲伤、愤怒、挫败感、郁闷甚至想要报复对方等消极情绪，同时，还会体验到对对方的爱意与释怀等积极情绪，这些情绪的强度又与是否主动提出分手、关系的亲密程度、感情持续的时间、个性特征、依恋风格等因素有关。分手后的负性和正性情绪有以下几种：

1. 悲伤情绪

失恋是一种社会丧失。分手之后，想起曾经的美好回忆，失恋者会特别伤心、难过，忍不住想哭，情绪低落，食欲减退，夜不能寐，不想见人，短时间内出现类似抑郁的征兆。分手是青少年抑郁发作的一个潜在风险因素。关系越亲密，被分手的一方分手之后体验到的悲伤与痛苦越强烈。

2. 愤怒情绪

分手特别是事先没有明显征兆的分手或者出轨会让对方体验到强烈的愤怒感，这种愤怒既有指向自身的，也有指向对方的。恨自己：太笨，太蠢，被侮辱、欺骗了，之前在恋爱中的投入都打水漂了，为他人做了嫁衣……恨对方：我做错了什么，你要这样选择离开？为什么要分手？为什么要这样对我？

3. 挫败情绪

分手是大学生通常会遭遇的挫折性事件。分手会严重打击个体的自信心，变得自我怀疑，短时间内影响人们学习、工作和生活的积极性与效率。而且，有些失恋者情感比较脆弱，性格内向孤僻，社会支持资源较弱，很难从失恋中走出来。分手让他们对一切失去了信心，一蹶不振，产生绝望心理，极少数人甚至因失恋而自杀。

4. 报复情绪

有些失恋者在失恋后把自己的痛苦全都归因于对方的错，不惜散布谣言、曝光对方的隐私来败坏对方的名声，诅咒对方，甚至不惜采用暴力手段威胁、伤害对方，以发泄心中的愤怒与仇恨。分手初期个体的报复心理会更加强烈。

5. 爱与释怀

分手之后，人们也会有一些正性的情绪体验，比如爱与释怀。研究发现，即使分手了，人们对前任的爱并不会一下子消失，而是随着时间的流逝慢慢衰退。

此外，人们会比自己想象的更容易从失恋的伤痛中走出来，获得心灵上的成长。与被分手的一方相比，主动提出分手的一方体验到更多的积极情绪。此外，美国心理学者塔希罗和弗雷泽(2003 年)发现分手虽然是压力事件，但分手却会让人们在自我认识、亲密关系、为人处世等方面获得自我成长。

总之，分手是大学生面临的一个比较棘手的负性生活事件，但随着时间的推移，大部分人还是可以依靠自身及社会支持资源平稳地度过这一特殊时期，获得成长。之后，人们会感谢这段恋情，甚至感谢前任，让自己更加了解自我，也学会了如何去爱、如何去经营爱，对下一段亲密关系也有更多的准备。有调查发现，超过 75%的人希望前任能幸福。

第三节　亲密关系结束的过程

(一) 亲密关系结束的阶段

美国心理学家罗妮和达克(2006 年)提出，大部分亲密关系解体通常会经历以下五个阶段：

1. 内心阶段

在此阶段，伴侣双方会私下从公平性、满意度及可能的备选方案等方面对关系进行评估，内心比较矛盾。伴侣一方变得对关系不满意，经常感到不开心。

2. 面对面阶段

一旦对关系不满意的伴侣把分手的想法公开，就进入了分手的面对面阶段。在此阶段，感觉不幸福的伴侣会表达自己的不满，对方可能会震惊和愤怒，彼此之间的互动比较负向，具有敌意，且比较容易发生激烈争吵。伴侣们会在分手与修复关系之间犹豫徘徊。

3. 社交阶段

一旦双方决定结束关系，分手的社交阶段就开始了。在此阶段，伴侣们会告知亲朋好友自己分手了，寻求理解与支持。这个阶段有三大目标：(1)解除关系；(2)获得亲朋好友的理解和认可；(3)在心理上保持良好状态的同时在社交上完成这个过程。

4. 默哀阶段

随着关系正式结束，默哀阶段开始。在此阶段，双方会重新诠释过去的事情，反思分手的原因，并合理化分手事件，以降低过去关系的重要性。

5. 重生期

分手后，人们通常会总结自己从这段恋情中学到的经验教训，为下一段恋情做准备。当个体从前一段关系的结束中获得重生,开始告诉他人之前的恋爱经历让自己获得了成长,内心变得更加柔软而强大的时候,表明他/她已经准备好开启下一段关系了。

(二) 亲密关系结束的典型脚本

美国心理学家巴塔利亚(1998 年)等人基于对 74 名大学生分手过程的研究,提出了亲密关系结束的典型脚本:

步骤 1:一方开始对亲密关系失去兴趣

步骤 2:失去兴趣的一方开始关注其他人

步骤 3:失去兴趣的一方开始回避,行为更加疏远对方

步骤 4:双方试图努力解决问题

步骤 5:双方一起共处的时间更少

步骤 6:兴趣的缺乏问题再次浮现出来

步骤 7:双方考虑分手

步骤 8:双方沟通彼此的情感,并达成共识

步骤 9:双方再次试图解决问题

步骤 10:一方或双方再次关注他人

步骤 11:双方一起共处的时间再次减少

步骤 12:双方与其他潜在的替代伴侣外出

步骤 13:双方试图一起回到过去

步骤 14:一方或双方考虑分手

步骤 15:双方感情破裂,准备正式分手

步骤 16:双方最终分手,亲密关系解体

可见,亲密关系的解体通常不是一蹴而就的,分手并不容易,在分手的过程中人们常常也很纠结、矛盾,在最终分手之前通常也试图努力挽回和复合。

第四节 社交网络与大学生失恋

近年来,微信、微博等网络社交媒体深刻地影响了人际互动与沟通,刷微信、微博俨然成为大学生日常交往的主要方式,不可避免地对大学生的恋情产生影响。分手后,人们可能还会通过微信、微博、电话、短信等方式与前任保持联系,还可以通过网络进行没有互动的弱联系。即使不用见面,浏览社交网站和朋友圈就可以“跟踪”“人肉”前任,了解他们最近在干什么。

（一）交往期伴侣的社交媒体互动

社交媒体上伴侣之间的互动可以预测其关系。此外，恋爱中的一方频繁地使用微信、微博等社交媒介，对方会产生较强的嫉妒心理，比如当一方发现伴侣添加其他异性为好友时，他们会变得嫉妒；或恋爱中的一方过度沉迷于社交媒体也会让对方感到嫉妒，并降低关系的满意度。伴侣感知到对方对社交媒介的使用情况与彼此关系的亲密度之间呈负相关。有关社交网络"弱联系"的研究发现，社交网络上的"弱联系"甚至会比"强联系"（例如打电话、发微信等）更加阻碍分手后情绪的恢复，而且阻碍的程度与花在弱联系上的时间成正比。这可能是因为，弱联系与打电话、发微信等联系方式相比提供了更多的信息。毕竟，分手之后在社交网络上看到对方的概率要比当面撞到的概率大很多。当看到对方更新了状态，发现他/她开始跟别人交往，很有可能会感到嫉妒生气，从而影响情绪的恢复。

（二）分手期伴侣的社交媒体互动

有研究发现，在分手过程中，美国大学生在社交媒体上最常采用的是减少或不在社交媒体上发布动态；要么把自己的状态改为单身，要么删除自己曾经秀恩爱的图片和信息，清除曾经的恋爱痕迹；选择通过寻找恋人及其社交网络的信息来调查伴侣。此外，还有一些大学生在分手过程中会选择不去看前任的发布动态，或者减少自己在社交媒体上发布信息和通过社交媒介联系前任的频率。而在分手之后，虽然也会用到分手过程中的那些行为，但又有所不同。首先，人们会通过删除和前任在一起的照片、信息，限制前任的访问权限等方式继续净化关系，以摆脱不想要的关系。其次，有些人选择减少或不使用以前与前任联络的社交媒体。再次，有些人还会继续"人肉"前任，查看他/她的动态。半数以上的人承认自己会去对方的社交主页上寻找前任与其新欢的照片。然而，另外一些人却选择断绝与前任的任何联系，删除对方的联系方式或拉黑对方。最后，有些人则表现出自己已经回归到之前的正常状态，已经从分手的悲伤中恢复了，借此表现出自己已经准备好重新投入下一段感情的准备了，从而让前任感受到嫉妒和遗憾。

总之，社交媒介是一把双刃剑，它让信息获取更加便捷，让开启一段关系变得更容易；一旦关系建立，社交媒介的作用就微乎其微了，甚至还会产生一些不良结果。社交平台把恋爱这种私人关系公开化了，会给双方带来很大的社会压力：一旦你们的关系出现任何风吹草动，后果会更严重，而且会更快地在你的朋友中传播开来。对于某些人来说，社交媒体可以作为维持关系的工具，但对另一些人来说,这可能是个负担。然而,对于大学生来说,社交媒体依然是他们在大学社交生活中不可或缺的一部分。

第五节 当爱已成往事,你会怎么办

当爱已成往事,人们通常有如下四种选择:分手后不久便复合;分手之后做朋友;分手之后迅速进入下一段恋情;接受失恋,就此别过。这四种选择之间是可以相互转换的,比如,有人刚分手后就想要复合,复合之后发现矛盾仍在,裂痕无法跨越,最终选择做朋友或者接受失恋,就此别过。下面我们将对这四种选择一一分析。

(一) 复合

复合指的是恋爱中的双方在正式分手之后又决定重新在一起。与分手一样,复合也是一种关系状态的转变。同时,美国心理学者哈尔彭·米肯等人(2013年)认为,复合是双方在正式分开之后重新在一起(这段重新开始的恋情得到双方的认可),那种分开后偶尔"只有性的关系",或者只有一方一厢情愿地认定彼此又在一起了,都不能被算作"复合"。研究者还发现,45%的人曾在分手后与前任复合过,而超过70%的人曾有过复合的想法。可见,除了那些比较自恋、相信人格是不可以改变的、比较理性的人之外,我们中的大多数人都可能在分手之后想过要不要与前任复合。

与那些不曾分手、分手后未复合的伴侣相比,分手后复合特别是分分合合的伴侣的关系质量更低。具体来说,分手后复合的伴侣对关系的满意度和承诺更低,较少努力维护关系,表现出更多的攻击性,关系的不确定性更高,建设性的沟通更少,彼此之间的冲突更多,言语与身体攻击更多。而且,分手后复合的伴侣较少会有意识地做出改变的决定,所以很多时候他们尽管对关系的满意度较低仍然会结婚。

1. 人们想要复合的原因

(1) 余情未了。人们分手后想要复合的主要原因是对前任仍然持有挥之不去的感情。分手之后,人们也会感觉到一种与对方持续的联结感,仍然会不断地思念他/她、感觉自己爱着他/她。这种挥之不去的情感惯性不断驱使着人们寻找各种借口与前任联系,表达自己的爱意,试图寻求复合。有近一半的人会在分手后仍然思念伴侣,依然爱着对方,甚至觉得自己的余生不能没有对方。这些原因预示着可能有些人会持有一种浪漫的信念,比如相信爱可以克服任何障碍,世界上只有一个对的人,这些浪漫的想法可能促使人们在分手之后寻求复合。即使他们无法解决之前导致分手的那些问题，余情未了也会将一些人拉回这段关系。

(2) 分手提供了反思的契机，为改善关系提供了可能性。分手可以让双方重新审视彼此对这段感情的需求与期待，有时候可以改善关系的质量。分手之后，人们会反思导致双方分开的根本原因以及解决问题的方法，希望彼此重新开始来解决上一次没有成功解决的问题。关系中曾经的不如意(如存在较多的冲突和负能量，一方或双方对关系不满意)可能促使人们想要去改善关系，从而对关系产生更大的承诺。

(3) 缓解分手带来的负面感受。有些人复合是为了缓解自己内心的负面情感。被分手的一方可能会一下子接受不了分手的事实，自尊受到威胁，希望通过复合来消除"挫败感"，甚至通过复合再主动向对方提分手，以报复对方、发泄愤怒；当看到对方有了新的恋情，内心的嫉妒感也会让人忍不住想要通过复合来证明自己。

(4) 将就心理。有些时候，人们只是因为自己身边没有更好的选择或者没有新的交往对象而想要复合。分手之后，有些人可能会屈服于伴侣的复合请求，并不是因为他们多么渴望与伴侣重新在一起，而是因为他们想要有人陪或保留对前一段关系的熟悉感。也就是说，在没有另一段关系的情况下，即使对对方没有强烈的感情，个体也可能更愿意与前任伴侣复合；反之，分手后一旦形成新的恋情，人们可能会对之前的恋情不那么感兴趣或不那么投入。复合也有可能是先把前任当备胎的一种选择，这种情况下，一旦遇到更合适的恋人，最终的分手是必然的结局。

2. 复合的类型

美国心理学家戴利等人(2013 年)的实证研究显示，复合有以下五种类型：

(1) 旨在转变型复合。与下面四种类型的复合不同，这类复合的伴侣希望借由复合解决以往关系中存在的问题，以复合为契机改善关系质量。他们更直接地沟通复合，更明确地协商分手的原因，公开讨论了他们关系的状态和性质，这些都可能有助于他们成功地改善关系。研究表明，这类复合的伴侣在以往关系中存在的问题已经解决，复合之后关系中的冲突和攻击较少，关系质量更高，对伴侣的爱意增强。

(2) 不匹配型复合。不匹配型复合源自伴侣对关系的渴望不匹配或外部因素的不匹配。与其他类型复合的伴侣相比，这种复合类型的伴侣在关系转变的沟通中更明确、更公开地讨论分手，也更深入地思考为什么要分手，关系中的冲突、攻击性更低。

(3) 惯性使然型复合。这种类型的复合伴侣往往没有对分手到复合的转变进行太多协商，就会重新回到关系中。与旨在转变型复合相比，惯性使然型复合的伴侣对分手的看法更一致，冲突和压力更大，对伴侣的爱意也更少。

（4）逐渐分离型复合。这种复合类型的伴侣对关系的结束有更多的了解与准备，伴侣双方都同意分手，而不愿意再复合。此外，此种类型的伴侣对对方的爱意较少，他们感受到的关系改善较低，感受到关系中的冲突、攻击和压力较高，这些可能部分地解释了这类复合的伴侣所体验到的关系的逐渐破裂。

（5）控制型复合。一方或双方在关系中表现出较强的控制性。研究发现，这种复合类型的伴侣对分手的共识更少，而且认为分手更短暂。这种复合类型的伴侣在复合时显得不那么深思熟虑，特别是对关系的改善考虑较少，复合具有强烈的控制性，复合后伴侣体验到更多的冲突、攻击和关系压力，这可能导致他们对对方的爱意较低，双方的关系并未得到改善。分手后，这类伴侣之间的敌意更强。控制型复合的伴侣可能会反复回到关系中，尽管关系质量较低。

研究还发现，与其他三种类型相比，旨在转变型复合和不匹配型复合在关系转变时会采取更多的直接沟通，关系质量更高。旨在转变型复合有助于提升关系质量，使伴侣双方的关系更加稳定；而逐渐分离型复合更可能以关系的最终破裂而告终。

3. 复合的结果

很多人认为，只要曾经分手过，即使双方再度复合，感情也很难长久，如同破镜难圆，裂痕会一直在那里。然而，美国心理学者哈尔彭·米肯（2013 年）的研究发现，分手后又复合的感情是否能长久、稳定，并不取决于是否经历过“分手—复合”这个过程，而取决于双方复合后在感情中的投入与经营（Halpern-Meekin et al.，2013）。

美国心理学家戴利等人（2013 年）的研究发现，旨在转变型复合的伴侣以分手和复合为契机，把分手作为解决问题的一种方式，在冲突中成长，努力尝试新方法来解决冲突，改善关系，最终让动荡的关系稳定下来，破镜重圆。而其他几种类型的复合，要么双方对复合的期待不同，要么貌合神离，要么只是把对方当备胎，要么想要通过复合控制对方，并没有把复合当作改善关系、解决以前关系中问题的契机，最终关系继续动荡，分分合合，或者关系最终破裂。

这就启示我们，如果复合后双方都努力改进互动的方式，在关系中更加投入（比如增加相处时间），或者努力经营这段来之不易的感情（如在关系中彼此坦诚，共同承担责任等），则会提升双方对关系的满意度。这就是说，复合提供了修复冲突、改善关系的契机，从而使原本不太稳定的关系走向稳定、持久。反之，如果复合之后，双方仍然不努力改变此前的互动方式，对关系不投入、珍惜，或只是把对方当作自己的“备胎”，复合之后继续与其他潜在对象保持交往，这样就会使得复合后的关系质量较低，双方都对关系感到失望、不满，冲突在所难免，关系彻底破裂已成必然。

总之，破镜能否重圆，归根结底取决于双方对于感情的投入与经营，不同复合类型的结果不同。而有没有借着分手—复合的契机反思这段关系，做出调整的努力，打破以前失败的互动模式，则是制约复合后感情质量高低、感情能否长久的重要因素。

4. 想要与前任复合的做法

在做出是否要和前任复合的决定之前，需要通常考虑以下几个问题：

（1）分手的原因。首先要反思的是，分手的原因是否触及一方或双方的底线？导致关系破裂的问题是否可以解决？如果导致分手的问题可以解决，如对方不够浪漫，那么接下来需要考虑的是，这个问题将如何被解决？双方谁来改变（降低期待，不要求对方浪漫，而是让对方学着更浪漫一些），抑或双方共同做出改变？

如果问题触及一方或双方的底线，或者这个问题本来能够解决但谁都不愿意做出改变，或者问题根本无法被解决，那么，即使复合将来也有可能因为这些问题再度分开。这样的话，复合并不是一个明智的选择。

（2）复合的原因。是因为彼此余情未了，分手之后意识到有些问题可以被双方共同解决，还是因为不愿面对分手的痛苦，又或者因为习惯了有人陪伴，害怕孤独等？

如果想要复合仅仅是因为不愿意面对分手带来的痛苦、孤独，复合很可能不是最好的选择。没有解决的问题依然存在，同时新的问题还会继续出现，很有可能使复合最终以彻底的关系破裂而告终。只有当余情未了的双方能以分手—复合为契机，努力尝试新方法来解决冲突和以前关系中的问题，从而改善关系质量，复合才可能是一个不错的选择。

（3）复合之后的结果。彼此是否还能信任对方，与对方真诚地交流？

双方是否对关系持有成长信念（比如，决定一段感情是否长久的是双方的努力与经营），而非宿命式信念（比如，亲密关系如果开局不太好，则必然以失败而告终）或浪漫式信念（比如，真爱能克服一切障碍）？

对复合有理性的认知，比如是否都认为“决定复合能否成功的关键在于双方在感情中的投入与经营，而非复合的经历”？

彼此是否都愿意投入和努力经营这段重新开始的感情？

彼此对于感情的未来规划与期待是否大体一致？

如果这些问题双方都没有肯定的答案，那么分开可能会是更好的选择。

如果经过深思熟虑之后，最终你决定复合，那么你可以先暂时断绝一切与对方的联系，给彼此一点时间和空间，观察并更多地了解自己的需求和底线。准备好了之后，你可以与对方先以朋友的方式相处，让对方逐渐感觉到再在一起的可能性，并创造机会回忆你们曾经美好的时光来获得对方的好感，而不要不停地打电话、发微信对对方狂轰滥炸，让对方不堪忍受一下子把你拉黑，因为他/她可能会觉得你只不过是因为暂时无法接受分手的事实，而不是真的在意你们的关系、在意他/她的感受，也不要哀求对方，委曲求全等，这只会增加对方对你的轻视，而无助于关系的长久维系。

（二）分手后做朋友

很多时候，恋爱并不像学者们所认为的那样，严格按照关系的形成、发展、维持、最终解体这样的轨迹运行，分手之后有些人可能会选择与前任断绝任何联系，还有一些人会选择复合，而另一些人则会选择和前任做朋友。下面，我们将对分手之后选择与前任做朋友这一情况展开讨论。

1. 分手后做朋友的关系质量

美国心理学者布洛克等人（2011 年）研究发现，超过 60%的人曾在分手之后选择与前任做朋友。可见，这种现象是非常普遍的。与一般异性朋友相比，分手后做朋友的友谊质量更低，双方之间的联系更弱；但分手后做朋友的异性之间性吸引力和嫉妒感比一般异性朋友高，而是否想与这个异性朋友恋爱则是二者之间的主要不同。

有研究者认为：长远来看，分手后做朋友弊大于利。分手后做朋友有很多负面影响。首先，这段友谊的关系质量低于与一般异性之间的友谊质量。其次，尽管分手之后因为共同的财产、朋友圈子与前任保持沟通是必要的，但与前任伴侣保持联系，会延缓分手后的情绪调整过程，重新激活许多痛苦的回忆。再次，人们分手后越痛苦，获得的个人成长就越大，而分手后做朋友虽然降低了分手后的痛苦，但同时也使得伴侣们错失了自我成长的机会。最后，与前任的友谊（或者想要和前任做朋友）可能妨碍新的恋爱关系的发展和维持，特别是当人们还期待与前任能够复合的时候。

2. 人们选择分手之后做朋友的原因

（1）余情未了。这是分手后一方或双方继续保持朋友身份的直接原因。一方不想结束关系，分手后做朋友就成了一个双方都能接受的选择，这样做可能是为了将来找机会复合。分手后与前任做朋友的主要原因是还想与前任重新开始。焦虑型依恋类型的个体更可能因此而与前任做朋友。

（2）安全感需要。安全感是人类的一个基本需要，关系可提供安全感。尽管有时候关系并不如意，但是因为提供了微弱的安全感，所以人们不太愿意轻易放手。与前任做朋友可以给人们提供安全感和稳定感。研究还发现，因为安全感而和前任做朋友与更多积极结果有关。

（3）依恋需要。朋友可以满足人们依恋的需要，和前任做朋友同样可以满足人们对陪伴、亲密和社会支持的需要。人们会把与前任做朋友作为抵御分手带来的消极情绪的一种方式，降低分手带来的痛苦与创伤，除了关系性质发生了改变，其他的没什么不同。

（4）现实需要。与前任拥有共同的圈子、不想让别人知道自己分手了、希望从前任那里得到帮助或者避免伤害对方等现实原因也是人们选择和前任做朋友的一个重要原因。这些帮助可能是物质层面的，如经济支持；也可能是精神层面的，如情感支持。从前任那里获得更多资源的人（例如爱情、地位、服务、信息、商品、金钱等），如果他们对这些资源感到满意，分手后与前任做朋友的友谊质量更高。不安全依恋类型（焦虑型依恋类型和回避型依恋类型）的个体更可能因此而与前任做朋友。

此外，保持礼貌、避免冲突与伤害、减轻分手后的内疚感、性的需要等也是分手后做朋友的原因。一方在分手后继续提供帮助，另一方为了避免伤害对方或者与对方发生冲突而不得已接受对方的帮助，也会使双方继续维持朋友关系。

3. 分手之后更容易做朋友的情况

从依恋类型上看，回避型依恋类型的人更可能在分手的时候使用间接分手策略，更加不愿意与前任保持亲密度和接触；而焦虑型依恋类型的人更可能会选择分手之后和对方做朋友或者尝试复合。

从人格特征上看，越外向、随和的人，分手之后越可能与前任做朋友。

从关系相关的变量来看，恋爱之前双方有深厚、长久的友谊，分手之后人们也更倾向于继续维持这段友情。既往的友谊模式可以帮助双方在分手后将关系重新回到朋友的位置上。人们可以利用这种既定的模式来消除分手后友谊中的任何不确定性。此外，恋爱中双方的关系满意度较高、承诺水平较高都可以预测分手后的友谊质量。对恋爱中的关系越满意，更可能选择分手后与前任做朋友，更愿意维持和经营当前的友谊，从而使得当前的友谊质量也更高。

从分手策略上看，采用温和的分手策略（如关系降级策略——慢慢地结束恋爱关系，同时暗示将来会有联系）的伴侣，分手之后更容易做朋友。

从分手发生的情况来看，如果双方都愿意分手，而非某一方主动提出，那么双方分手后更容易做朋友。在这种情况下，一般双方对这段恋情都感到不太满意，分手之后做朋友可能对双方来说是一种解脱，是一个更好的选择。此外，男方提出分手时，两人更可能做朋友。

同时，研究还发现，忽视和逃避，缺乏朋友和家人的支持，以及前任开启一段新恋情，都是阻碍分手后做朋友的因素。

4. 分手后适合做朋友的情况

分手意味着边界的转换。关系的实质是由边界决定的，两个人是恋人、朋友还是其他关系，其实只是边界不同。情侣之间的边界是相对“近且薄”的，甚至一定程度上是彼此融合的；而朋友之间的边界就会更坚硬，把对方隔开一个更远的距离。也就是说，分手后能不能做朋友的关键，在于双方能不能把握好边界的变化，能不能尊重对方新的边界，不试图去突破。如果一方或双方把握不好边界，分手之后保持着特别模糊的边界，甚至试图突破朋友的界限，那么双方即使表面上承诺分手之后做朋友，最终也做不了朋友。研究显示，只有在双方均认同之前的恋爱和性关系对二人不再适合并且对未来友谊的形式达成一致之后，分手才能继续做朋友。

5. 分手后不适合做朋友的情况

（1）一方渴望复合。一方不愿意分手，分手后一直试图复合，在这种情况下，虽然这一方表示分手后“做朋友”，但他/她往往会不断地尝试突破边界。比如，虽然承诺要做朋友，但一方的行为却突破友谊的边界，如过分的身体接触，保留情侣时期的行为习惯等。

（2）一方想要彻底断绝联系，不愿意做朋友。分手后做朋友如果令其中一方非常痛苦，打击其自信心，让其想要逃离目前的关系，双方也不适合做朋友。

（3）无法真实地表达感情。双方因为顾虑会伤害彼此间的友情，而不得不隐藏一些真实的想法去迎合对方，并且这种迎合让彼此觉得不舒服的情况下，双方也不适合做朋友。

（4）“友情”阻碍未来新的亲密关系。如果一方觉得这份“友情”会对重新建立新的亲密关系不利，就不用勉强自己再做朋友了。

（5）一方只是想把对方当“炮友”。这已经超过了朋友的边界，会使双方的分手过程更纠缠。

（6）过往关系中受到过暴力对待。如果在过去的恋情中受到过暴力对待（不管是性行为上、身体上的，还是情感上），就需要想清楚这份关系是否还是健康的，如果不健康，就果断离开这个“渣男/女”吧。

总之，分手后做朋友虽然可以暂时抚慰分手带来的痛苦，长远来看，却会阻碍人们失恋后的情绪调整，不利于个体的自我成长和未来亲密关系的发展。不论是否与前任做朋友，随着时间的流逝，大部分人都能够自我疗愈，走出分手的伤痛并获得自我成长。

（三）迅速开始新恋情

分手后的一段时间对很多人来说都是具有挑战性的，而开启一段新恋情则可能有助于应对这些挑战。“反弹式关系”（Rebound Relationship）通常是指在一段重要的恋爱关系结束后不久，立刻开始一段新的关系，并且与前一段关系相关的感情议题还没有完全解决。反弹式关系具有三个要素：在前一段关系结束后，立刻建立起来；还没有从上一段关系中完全恢复之前，就建立起新的关系；反弹式关系的建立是想把自己从分手带来的负面情绪中解脱出来。

进入反弹式关系的原因可能多种多样，或者是为了让自己尽快从失恋的痛苦中解脱出来，或者是为了提升自信，或者是为了填补前任留下的情感缺失，抑或是为了报复前任。研究发现，与前任的关系持续时间越长、关系越亲密，更容易进入反弹式的关系；与主动提出分手的一方相比，被分手的一方更容易进入反弹式的关系；不安全型依恋类型的人（焦虑型、回避型）会比安全型依恋类型的人容易进入反弹式的关系。此外，男性更有可能在关系结束后进入反弹式关系，因为他们的社会支持水平较低，对前任伴侣有更多的情感依恋，并表现出“游戏式”的爱。

1. 反弹式关系的积极作用

尽管很多人都认为反弹式关系不是一种健康的失恋应对方式，但研究发现，反弹式关系有一些积极作用：

（1）分散注意力，缓解分手后的痛苦。分手后，人们会感到绝望和孤独，而新恋情刚开始的那段“蜜月期”可以帮助人们分散注意力，缓解自己的愤怒、悲伤等负面情绪。研究显示，与分手后保持单身的人相比，分手后进入反弹式关系的人可以更快地摆脱对前任的情感眷恋，分手产生的负面情绪（比如愤怒、焦虑和孤独感等）更低，这种趋势在焦虑型依恋程度越高的人身上表现得越明显。

（2）提高自信心。反弹式关系还可以增强分手后伴侣的自信心，能够使人们确认自己是有魅力的、值得被爱和被关注的。分手会降低被分手一方的自我概念，被甩的人甚至出现自尊崩塌的情况，还会怀疑自己的吸引力和价值。

自信的提升是人们从分手后的悲痛中开始复原的重要指标。美国心理学者布伦博和弗莱莉（2015年）对264名刚分手的被试者进行了调查，其中137名仍然保持单身，124名有了新的伴侣。通过量表和自我报告发现，与分手后保持单身的人相比，有新伴侣的个体表现出更高的自尊，更加相信自己是“被需要”的，信任感和幸福感也更高；而在那些有新伴侣的个体中，新关系开始得越快（空窗期越短），幸福感和自信心越高。这种“无缝衔接”的关系状态可能使他们的生活方式整体保持平稳，因此分手可能对他们的心理健康产生更少的影响。

(3) 改善依恋风格。英国心理学者马歇尔等人(2013年)的研究发现，在三种依恋类型(安全型、焦虑型、回避型)的人中，焦虑型的人如果能在反弹式关系中获得成长，那么他们的成长将是最显著的，并且更有可能转变成安全型依恋；而回避型依恋的个体的成长则是最不显著的。

2. 反弹式关系是有害的情况

尽管反弹式关系有一些好处，但很多情况下，反弹式关系却是有害的，很大程度上是因为人们还没有从上一段关系中完全恢复过来，上一段关系存在的感情问题尚没有得到妥善解决，从之前的关系中获得的自我成长也比较有限，下一段感情可能还会遇到类似的问题。具体而言，在以下三种情况下，反弹式关系是有害的：

(1) 没有把新的关系和上一段关系完全区分开来。

① 没有摆脱对前任的情感依恋。对前任的情感依恋和新的亲密关系的质量相互关联：当前关系质量越低，对前任的情感依恋越强；随着时间的推移，对前任情感依恋的增加可以预测当前关系质量的下降。这就形成了一个恶性循环，两段感情交织在一起，表面上看似开启了一段新恋情，但骨子里始终在与上一段恋情纠缠不清。

② 用对前任的标准去选择和对待新的伴侣。那些迅速开始新恋情的人在某种程度上常常会纠缠于过去的关系中。很多人在反弹式关系中用前任来理解现任伴侣，他们可能会寻找和过去伴侣有某些相似之处的新伴侣，并将对过去伴侣的感情投射在新伴侣的身上，但这种移情会降低当前关系的质量，毕竟现任和前任是完全不同的两个个体。

③ 建立新关系的目的只是报复和惩罚前任。有些人建立新的关系只是为了报复或者惩罚前任，虽然他们自己可能并没有意识到这一点。这些个体在新的关系中会做一些前任反对的、无法忍受的事情，想方设法让前任嫉妒或者愤怒；或者向前任证明他/她没有自己过得很好；或者向前任表明他/她不是不可替代的。如果反弹式关系以让前任嫉妒为目的，那么这些个体往往需要花费更长的时间才能从分手中恢复。

(2) 建立新关系的目的只是缓解痛苦，但误导了对方。如果你明确自己建立新关系的目的只是想缓解失恋带来的伤痛，内心并不想开始一段认真的关系，那么需要让对方知道你的态度，不要出现对方想要的是一段长期的承诺关系，而你只是想玩玩的情况，这样对对方是不公平的，对你们的关系也是不负责任的。

(3) 无法忍受空窗期。如果你无法面对空窗期，在每一段关系结束后，都需要迅速找一个人填补空窗期，那么反弹式关系可能只是你习惯性的一种应对方式。迅速开启下一段关系，可能导致你找到的新伴侣本身存在许多问题，并不适合你，而你只是为了迅速建立关系，而选择无视他/她身上的那些问题。长远来看，你们的关系并不能持久。

3. 有害反弹式关系的应对

如果你发现自己正处于有害的反弹式关系中，可以尝试以下几点：

首先，进行自我觉察。当前的情绪状态是脆弱、孤独占主导，还是愤怒、失望和悲伤占据上风？当初开始新恋情是因为害怕孤独、不愿意面对分手后的负面情绪多一些，还是想要报复前任的因素多一些？自我觉察和反思是你走出有害的反弹式关系的第一步。

其次，评估前一段关系及现在的关系。对于前任，你是否想复合？你们复合的可能性有多大？如果答案是否定的，那么，你需要推自己一把，调整状态从这段关系中尽快走出来。而对于现任，你是否对他/她真的感兴趣，还是你只是把他/她当作应对失恋带来的痛苦或者报复前任的工具？如果你只是把他/她当作应对失恋带来的痛苦或者报复前任的工具，那么请尊重对方，不要误导和利用对方的感情，尽快对现在的关系做一个了断；如果对他/她真的感兴趣，那么他/她对你来说是不是一个合适的恋爱对象，能否提高你的自我价值感？如果是，那就需要好好珍惜眼前人。

最后，和伴侣进行坦诚的沟通。如果你确定没有把他/她当作工具，对方恰好是你想要交往、适合交往的，有可能与其建立亲密关系的对象，那么，你可以坦诚地和对方交流过去的经历，不要试图隐藏，并就你们对这段关系的未来计划进行沟通交流。同时，注意倾听对方的意见和想法。

无论要不要马上开始新的关系，你都需要结束上一段感情，坦然面对和处理之前留下的相关议题和情绪，必要的时候可以借助心理咨询更好地认识自我。

（四）接受失恋，就此别过

失恋通常是一个人在生活中经历的最痛苦的事情之一，即使对于提出分手的一方来说，伤痛也在所难免。分手之后，人们通常会经历一段时间的悲伤，体验到愤怒、难过等负面情绪。分手之后，人们也常常会感到深深的孤独。失去伴侣的同时，人们也丧失了重要的社会支持系统。总之，分手会对生活环境产生广泛的影响，而不仅仅是眼前的关系。

1. 分手对个人的影响

虽然很多与分手相关的结果都是负面的，但也有一些是正面的。离开伴侣可以让人们获得新的独立感，或者改变不健康的行为和思维方式。单身人士的社交生活比恋爱中的人更活跃。分手后拥有的自由时光也可以用来重建和改善其他的关系，而这些关系在双方恋爱时可能被忽视了。此外，如果与前任不般配，或者之前的关系对一方的心理健康有负面影响，那么在没有伴侣的情况下，一个人可能会更快乐，适应得更好。

事实上，分手带来的个人成长是很普遍的。美国心理学者塔希罗和弗雷泽(2003年)的研究发现，分手之后，大学生在自我认识(比如，学会承认错误)、未来的亲密关系(比如，如何更好地沟通)及对周围环境因素的认识(比如，争取学有所成，更重视朋友和家人的观点)上都有了个人成长。他们还发现，把分手归因于对方和环境因素的伴侣，分手之后感到更痛苦；把分手归因于环境因素的人，分手后有更多的自我成长，而把分手归因于自身因素的人，分手后的自我成长更低。此外，宜人性越高，分手后的自我成长越大。

2. 分手已成定局，做好自我调适

(1) 重建自我认同。恋爱中，人们的自我认同(你认为自己是一个什么样的人)会受到伴侣的极大影响，经常会依赖从对方来认识自己。分手之后，之前依赖对方建立的自我认同会受到极大的冲击，人们常常忍不住想"没有了对方，我会是怎样的一个人"，甚至产生"没有了他/她，我就不完整了"这样的想法。分手导致个体出现身份迷失。因而，分手之后自我认同的重建就成了自我调适的起点和重点。

(2) 转移注意力，控制自己对前任的感情。如果对方已经明确给出你们的未来只有分手这一个选项了，那么你就不要再勉强了，当人处于一段非回馈性的感情关系中，即只有单方面在进行情感付出时，付出的那一方的自尊水平会显著降低。你可以重拾以前的兴趣，恋爱中你可能为了迎合对方放弃了一些自己曾经感兴趣的事情，分手之后你可以重拾这些兴趣，提升自信和幸福感；还可以通过旅游去散散心，或者暂时离开对方所在的城市，来缓解分手带来的痛苦；还可以将注意力转移到学习或工作上，可能也会有意想不到的收获。

(3) 利用社会支持系统帮助自己走出失恋的痛苦。你也可以向好朋友倾诉你们之间的故事，让自己的情绪有一个出口，让自己在失恋的时候好受一些。与他人谈论失败的恋情，能够帮助当事人重新定义自我，同时可以更多地关注到自己的收获与成长。要知道，你走的每一段路都不会白走，在未来的某个瞬间，它将给你帮助。

(4) 尝试开始一段新恋情。虽然这是一种有争议的做法，但研究发现，反弹式关系可以帮助抵御分手带来的痛苦、提升自信、改善依恋风格等，对于焦虑型依恋类型的个体更是如此。

下面是我们整理的一些帮助大家应对失恋的小贴士：

A. 让自己接受事实，做好心痛的准备！

B. 好好照顾自己，避免吸烟、酗酒等不健康的行为和生活方式。

C. 多向朋友倾诉，获得来自他人的积极支持！

D. 必要时寻求专业的心理援助，而不要将自己封闭起来。

E. 找回曾经的爱好，享受自由，重建自信！

F. 不要因为一次恋爱的失败而放弃重新开始一段新恋情的机会，但也不要为了逃避前一段失败的恋情而贸然开始！

G. 重建自己的身份认同，重新去发掘没有前任在身边时自己是一个怎样的人、喜欢做什么事。

H. 给自己足够的时间，相信自己可以走出阴霾！

心理测试

分手后还能复合吗？

曾经分手的恋人，还在你心中萦绕吗？如果再给你一次机会，你会选择从头再来吗？测测你们之间还有没有复合的可能？

1. 谈不上谁追谁，你们是顺其自然走到一起的吗？

不是（接下来请答第3题）是的（接下来请答第2题）

2. 你们很容易因为小事争执吗？

不是（请答第4题）是的（请答第3题）

3. 你们两个本身都是非常特立独行的人吗？

不是（请答第5题）是的（请答第4题）

4. 你们恋爱的时候总是形影不离吗？

不是（请答第6题）是的（请答第5题）

5. 你们算得上是一见钟情吗？

不是（请答第7题）是的（请答第6题）

6. 彼此的朋友圈有交汇，现在仍与彼此都熟识的朋友来往吗？

不是（请答第8题）是的（请答第7题）

7. 你们都喜欢安静而平和的氛围吗？

不是（请答第9题）是的（请答第8题）

8. 曾经有过第三者插足或者其中一方与他人暧昧的经历吗？

不是（请答第9题）是的（请答第10题）

9. 你们在恋爱的时候时常理性沟通彼此存在的问题吗？

A——不是　　C——是的

10. 你们的分手相当突然，至今也没弄清楚分手究竟是因为什么吗？

B——不是　　D——是的

评分标准：按类型A、B、C、D来评估，类型依据题目从1依次到9、10题来确定。

结果解释：

A. 擦肩而过（复合可能：★★）

很明显分手之后你们的心里还时常惦记着对方，但是强硬的性格总是将彼此阻挡在心门之外。你们始终难以放下自己的颜面坦率面对感情，即使内心挣扎万千，也始终未能伸出渴望拉紧的双手，两个人不可能永远存在交集，在有限的时间内无数次选择擦肩而过。难以把握机会的你们，终究只能在一次次错过后渐行渐远。或许错过本就是属于你们爱情的宿命。

B. 决绝离别（复合可能：★）

你们的感情似乎有些戏剧化，虽然恋爱的时候充满激情，但是却极其不稳定，最终导致深刻的伤害而决绝分手。形影不离的二人从此再无交集，即使面对面走过也是面无表情。这并不是你们心中没有了彼此，或许恰恰是因为曾经爱得彻骨，如今才恨得切齿。久而久之，你们逐渐变成对方心中一道难以言表的伤痕，再也不被提及，复合的可能微乎其微。

C. 回归朋友（复合可能：★★★）

你们同样都是非常理智的人，当初选择分手也是由于性格或者客观因素，是你们经过沟通之后共同做出的决定，过程相当平和。理所当然地，你们从恋人回归朋友关系，没有了往日的亲密，却多了份超越朋友的亲切。在你们彼此心中，对方仍旧是值得自己信任的那个人，遇到任何困难或成就，你们依然习惯跟对方倾诉及分享，时过境迁，即使激情不再，逐渐成熟的你们或许还会因为那份信任与依赖走到一起。

D. 难以割舍（复合可能：★★★★★）

因为误会造成了你们分手的遗憾，所以这段感情成为难以放下的一段伤痛。你们彼此都不愿回顾过去，在很长一段时间内似乎都从对方的世界彻底消失了，但是从未消失的是彼此内心的牵挂与心痛。倘若有一天一方知道了整个悲剧不过是误会而已，将会激发他/她重新找回爱情的决心，而同样等待了许久的另一个人，也会在恍然大悟中欣喜得痛哭流涕。

资源共享

图书推荐：《好好分手》

《好好分手》是2019年浙江出版集团数字传媒有限公司出版的图书，作者是安慰记店长。本书将告诉你，不管是带着怎样的想法开始一段感情，到了分手时刻，都会给双方带来不同程度的伤痛。要分手时，该如何下定决心？失恋90天的5个阶段要如何经历？分手后的“坑洞”怎样才能填平？怎样学会正确的“失忆”，从而继续前进？分手也是兼具科学和艺术的话题。

电影推荐1：《爱乐之城》(*LALA LAND*)

电影里，米娅渴望成为一名演员，但目前她只是一名平凡的咖啡师，尽管不停地参加着大大小小的试镜，但始终没有成功。某日，在一场派对中，米娅邂逅了名为塞巴斯汀的男子，起初两人之间产生了小小的矛盾，但很快，米娅被塞巴斯汀身上闪耀的才华以及他对爵士乐的纯粹追求吸引，两人最终走到了一起。

在塞巴斯汀的鼓励下，米娅辞掉了咖啡厅的工作，专心写起了剧本。与此同时，塞巴斯汀为了获得一份稳定的收入，加入了一支流行爵士乐队，开始演奏自己并不喜欢的现代爵士乐，没想到一炮而红。但随着时间的推移，努力追求梦想的两人，彼此却渐行渐远……

电影推荐2：《12夜》

电影中，珍妮是一个空姐，与工程师阿伦在同一辆车上相遇，之后便开始了他们的恋爱。刚开始热恋的时候，两人如胶似漆，深深投入彼此的生活中。不久后，跟很多恋情一样，阿伦开始厌倦珍妮对他的控制，开始挣扎，珍妮认为自己已把一切给了男友,便全身心地投入感情。但渐渐地,激情消退,当初热恋的感觉不再,感情转淡。珍妮努力挽回感情,两人也复合了,但珍妮这时才发现自己已不再爱阿伦了,最终二人以分手告终。珍妮消失于阿伦的生活中,独自一人继续寻找另一个“十二夜”,最终,她也遇到了另一个令她心动的人。

第九章　不同形式的爱

如果我爱他人，我应该感到和他一致，而且接受他本来的面目。而不是要求他成为我希望的样子，以便使我能把他当作使用的对象。

——艾瑞克·弗洛姆

身边的故事：我愿意坐 36 个小时的火车来牵你的手

王亮和李薇薇是高中同学，高考结束后，他们便成为男女朋友。两人考到了不同的大学，王亮去了北京，李薇薇去了广州，一个南方一个北方，相隔几千公里。大学开始后，两人便开始了异地恋。起初，陌生的校园环境使两个人充满了新鲜感，他们约定每天都会和对方发微信和视频通话，分享各自的校园生活。两个人虽然身处异地，但是互相思念着对方。

随着学习和生活的逐渐繁忙，两个人的矛盾也产生了。王亮性格外向，喜欢体育运动以及各种学生活动，因此他把课余的时间都用来参加这些活动，借此机会来锻炼自己的能力，充实课余生活。而李薇薇性格内向，不爱社交，喜欢独处，更愿意把所有的时间用来看书或者听歌。于是，当王亮把课余时间都用在参加活动上时，就无法保证与李薇薇时常联系，因此，李薇薇缺乏安全感，两人为此起了争执。王亮觉得自己并没有错，大学就应该充分地体验生活，提升自己的能力，不应该总是待在寝室里，而李薇薇觉得自己也没有错，自己并不喜欢社交，更愿意将时间投入到自己的喜欢的事情中去，同时她觉得思念男友的情绪没有得到支持和理解，两人陷入冷战。

国庆假期，李薇薇一个人在寝室度过。有一天，王亮打来了电话让她下楼，薇薇不想出门，但是王亮一再要求，没办法薇薇只好去到楼下。当薇薇走出宿舍楼，看到王亮站在门口时，简直不敢相信自己的双眼。原来，王亮瞒着薇薇，买了火车票，为了省钱坐了 36 个小时的硬座，去广州找她。薇薇被王亮的行为感动了，两人坐下来真诚地沟通，最后达成了一致的想法。此后，王亮会抽出时间多和李薇薇保持联系，李薇薇也会支持和鼓励王亮多参加活动，同时她也愿意走出宿舍，多参与校园活动。

想一想：

王亮和李薇薇发生冷战的原因是什么？

你觉得异地恋会遇到哪些困难呢?

异地恋的人们又该如何沟通呢?

写一写:

记下思考的内容。

____

____

____

第一节　不同年龄的爱

大学是一扇通往新世界的大门,也是一条通往美好未来的通道。刚成年或即将成年的大学生们,怀着一颗憧憬的心,向往着期待已久的大学生活,踏上了一条新的征程。拜伦曾说:没有青春的爱情有何滋味?没有爱情的青春有何意义?

对于大学生而言,爱情是大学生活的锦上添花。进入大学之后,家庭的约束力迅速降低,在一个相对宽松、自由的环境里,爱情便在大学生的心里生根发芽。然而大学生在恋爱对象的年龄选择上出现了差异,让我们来看看不同年龄差异的恋爱类型。

(一)与学长相恋

案例1:与学长一起走过的青春

林程程是大一新生,高文涵是大三学长。和所有新生一样,林程程入学后,各种社团组织扑面而来,面对丰富多彩的社团,林程程不断犹豫,最终选择了话剧社,但是却错过了集体面试。高文涵是话剧社的社长,不仅成绩优异,还包容大度,最后决定给林程程单独增加一次面试。在面试过程中,高文涵发现林程程不仅学习过舞蹈,还会弹钢琴,还有一定的表演天赋,于是决定接收她成为话剧社的一员。面试结束后,天色较晚,加上林程程对学校环境还不是很熟悉,高文涵决定送她回宿舍,在回去的路上,高文涵不仅耐心地给林程程介绍了校园里的各种建筑,还为她讲述了学校的历史。林程程一边认真听,一边频频点头。很快,他们就走到了女生公寓楼下,两人留了彼此的微信后就分开了。

高文涵的细心体贴,让林程程感到十分信任。当林程程有不懂或者不知道的事情时,她就会发微信询问学长高文涵。久而久之,两人的联系多了起来。在一次话剧社的公演活动上,林程程去观看高文涵主演的一部话剧,演出十分成功,当高文涵站在舞台上谢幕时,林程程看向高文涵的目光久久不能离开,就在这时高文涵也看向了林程程。话剧结束后，高文涵向林程程表白，两人便在一起了。从此之后，除了上课的时间，两人便形影不离。林程程学业上有不懂的地方就会第一个询问高文涵，而高文涵总是能一一为她解答。在林程程不开心的时候，高文涵还会细心开导她，帮她分析怎么一步步解决。林程程感觉高文涵十分照顾自己，充满了安全感，而高文涵也在这个过程中体验到了被需要的感觉。

案例中的高文涵和林程程就是一段典型的学长和学妹恋爱的故事。虽然刚入学的大一萌新们早就被学姐提醒"防火防盗防学长"，但是校园中的学长恋早已是很普遍的现象。为何低年级的学妹总会被高年级的学长吸引，为何高年级的学长会选择和低年级的学妹相恋呢？

从生物学的角度来看，生理的发育和成熟是心理发展的基础。由于女性在性发育方面比男性较早，因而在青年阶段，同龄的女生比男生在心理方面更成熟。这个阶段的女生更喜欢成熟稳重、有魅力、比自己优秀的男生，喜欢崇拜别人的感觉。因此，当大一的学妹们刚刚从高中跨入大学校园，离开各自的家来到一个完全陌生的新环境时，她们会缺乏安全感，需要认识一些新的朋友。这时高年级的学长就恰好符合这样的"人设"，他们在学校已经学习和生活过一段时间，对学校及周围的一切都比较了解，能够帮助学妹快速熟悉环境，答疑解惑。这时一些学妹的想法可能就是找个更熟悉这里的人，这是一种比较快地熟悉学校、熟悉生活的方式，以获得一种安全感。所以低年级的学妹喜欢高年级的学长这一现象也就很好理解了。而学长们同样对学妹们有莫名的好感和耐心。有一些女生在家中是父母的掌上明珠，出门在外也喜欢被人照顾、呵护。而高年级的学长恰好可以满足低年级学妹的这种需求，无论从学业上还是生活上都可以给到很好的照顾和帮助。正如上面的案例中，林程程被高文涵的成熟稳重、细心体贴、包容等品质所吸引，高文涵也喜欢林程程的青春、单纯、懵懂可爱。

（二）姐弟恋

案例 2：亲爱的姐姐

钟欣和唐明是高中校友，只不过唐明读大三的时候，钟欣已经在读博士了。他们相识于一场高中校友会，唐明看到自信、独立的钟欣后，被深深吸引。唐明主动走过去和钟欣交谈。在聊天的过程中，唐明发现钟欣不仅成绩优异，兴趣爱好更是广泛，曾一个人去国外旅游，还喜欢一些极限运动，例如：跳伞、蹦极。校友会结束后，唐明总是回想起钟欣，他犹豫许久后鼓足勇气约钟欣出来吃饭，没想到钟欣爽快地答应了。在吃饭的过程中，钟欣发现唐明虽然有点腼腆和害差，但是对未来的规划有自己独特的想法，只不过缺乏自信，不敢表达。钟欣告诉唐明不要胆怯，要勇于表达自己的想法和观点。在钟欣的鼓励下，唐明变得自信起来。唐明对钟欣的好感与日俱增，于是唐明主动和钟欣表白，钟欣对唐明也有好感，但是十分犹豫，原因就是他们相差6岁。唐明没有放弃，他觉得年龄差并不是问题，最关键的是两个人能相互尊重、包容彼此，有共同的话题和爱好。钟欣认为唐明说的也很有道理，于是答应了唐明的表白，两个人在一起了。

上述案例中，钟欣和唐明的爱情就属于姐弟恋。姐弟恋，泛指一对情侣中，女方的年龄比男方大。随着社会进步、思想开放，近几年姐弟恋的数量与日俱增。

中国社会科学院社会学研究所研究员李春玲以1990年、2000年、2010年这三个时期作为节点进行研究，发现2010年之后，“姐弟恋”已经逐步与传统“男大女小”的婚姻模式分庭抗礼。调查数据显示，1990年，“男大女小”的婚姻模式占70%，“男小女大”的婚姻占13.32%。2000年后变化不大，“男大女小”的婚姻为68.09%，而“男小女大”的婚姻占14.37%。但是2010年后，调查数据出现极大的变化。“男大女小”的婚姻从68.09%下降到43.13%，而“男小女大”的婚姻则上升到40.13%。两种婚配模式差不多各占一半。李春玲认为这种婚恋现象反映着女性地位的提高。女性可以根据自己的喜好选择男友，降低对年龄、金钱因素的考虑。在一段感情中，女性与“弟弟”型的男性恋爱往往要比与自己年龄大且成熟很多的男生恋爱，获得更多的掌控感。在这个过程中，女性可以感受到“弟弟”型男友的依赖，而这种依赖感，往往更容易从比自己年龄小的异性身上获得，于是在这种“掌控感”和“被依赖”感中获得新的恋爱体验。

从男性的角度来看，姐弟恋也体现出男性的恋母情结。恋母情结是由精神分析学家弗洛伊德提出的，反映了男性爱母憎父的本能愿望。后统指幼儿对异性父母的依恋、亲近，而对同性父母的嫉妒和仇恨等复合情绪。在姐弟恋中，男性通常被女性的成熟、温柔、独立等特质所吸引，将对母亲的依恋情感投射在女性身上。但是在男性思想成熟的过程中，想法和观念也会改变，这时候男性身上的父性开始展现，双方的情感可能产生转化。所以，姐弟恋的过程中有两次重大磨合期需要注意，第一次是相识相恋时，第二次是男性思想等各方面成熟时。最初两人相恋时，男性对姐弟恋相关的决策是否出自深思熟虑很关键，成熟的抉择会减少第二次磨合期的磨难。所以在开始一段“姐弟恋”时，男女双方首先要接受“有年龄差距”这个事实，尊重对方，不过分依赖对方。

（三）忘年恋

案例3：杨振宁与翁帆的牵手

作为现当代科学界最重要的物理学家之一，杨振宁的一举一动备受瞩目。他是中国著名的物理学家，也是世界上知名的物理学家。2004 年 11 月，82 岁的杨振宁突然宣布迎娶 28 岁的翁帆。以杨振宁的年纪和身份，作出如此决定，引起了一时的轰动。

当初大多数人并不是那么看好杨振宁与翁帆，毕竟这两个人的年龄相差太大了，相差了 54 岁，两人的地位也是有很大差距的，一位是诺贝尔物理学奖得主的大科学家，一位却是名不见经传不出名的研究生。

他们是怎么走到一起的，又是如何展开一段浪漫的爱情故事呢？

1995 年暑假，汕头大学召开首届世界华人物理学大会，翁帆被学校选中，负责接待杨振宁、杜致礼夫妇。2004 年他和翁帆才正式交朋友。之后，他们已经互相了解了很多，包括各自性格、家庭情况等。因为双方都已经考虑很成熟了，一点波折都没有，结婚就顺理成章了。杨振宁决定和翁帆结婚，还有另外一个原因，就是媒体的原因。杨振宁在接受华商报的采访时说道："媒体很注意我，一点风吹草动都逃不了他们的眼睛。由于那时，致礼（杨振宁的夫人）已经去世，而我一直和一个年轻女孩在一起，我怕他们会乱写，反正我和翁帆的关系也确定了，那就干脆明朗化吧。所以我们结婚了。"也许 30 年之后，随着社会进步，应该会有很多人回想起他和翁帆的事，会觉得是很浪漫的。

以上案例中，杨振宁和翁帆的爱情就属于忘年恋。忘年恋指年龄相差很大的两个人之间的恋爱关系，这里的年龄差距通常都多于 10 岁。忘年恋从年龄、相貌、地位等方面来看，双方相像的地方很少，看起来很不般配，让人感觉完全不同的两个人也能结成一对。这其实是一种误解，在爱情中，这种反差感所起作用的方式有时候很巧妙。

忘年恋实际上是一种更广泛意义上的相配。他们各自有着不同的优势，一般来说，在这种恋爱关系中，年长的一方有着更强的经济实力、社会阅历、感情经验和知识储备，性格相对沉着稳重、平和淡定、儒雅幽默、宽容谦和，看待问题理智全面，办事靠谱，懂得待人接物把握分寸，懂得怎样与现实的世界好好相处，能帮另一半解除精神层面的困惑和迷惘，能让他/她有崇拜的感觉。而年少的一方拥有年轻、活泼、单纯、貌美等优势。

现在，忘年恋越来越多，从生物进化角度来看，女性在生育上投入的身体、时间、精力成本远大于男性，因此，女性选择伴侣，更看重对方是否能给自己和孩子足够的安全感，这安全感包括：心智的成熟、情绪的稳定、物质的充裕，等等。相对来说，年长一些的男性，在这些方面，优于年轻男性。

上述我们分享了三种不同年龄差异的恋爱类型，无论在哪种恋爱关系中，男女双方都需要各自独立又相互依赖，努力培养亲密感和信任感，而不应该用年龄作为借口,任意地偷懒或控制,无度地索取或付出。

第二节　不同距离的爱

(一) 地理距离:异地恋

《远距离爱情》是一部关于异地恋的影片,那种不想告别却偏要告别的时候,那种不喜欢火车站却每周都要去的感觉,那种回到家后突然一个人面对空荡荡的房间的时候,异地恋特有的甜中带涩的滋味都在这部影片中得到呈现。

近些年,在大学生中出现了一种常有的恋爱现象,即两个相恋的大学生由于空间的限制,不在同一座城市,不能时刻互相陪伴只能通过打电话、发微信等方式来维系感情,且这种现象正变得越来越普遍,这种现象就是异地恋。异地恋指的是相隔两地的恋爱关系,英文表述为“Long-distance Relationship”“Long-distance Dating Relationship”“Long-distance Romantic Relationship ”。李苓(2007 年)将异地恋定义为这样一类群体:恋爱双方学习、生活和工作不在同一地区,长时间内不能经常见面。与异地恋相对应的一个概念是同地恋,英文表述为“Proximal Romantic Relationship ”,是指双方在同一个城市学习、生活和工作并能经常见面的恋爱类型。

在异地恋中,存在一种更为特殊的恋爱形式——异国恋,是指恋爱中的双方处于不同的地理位置。随着时代的发展,更多的年轻人选择出国留学深造,这使越来越多的伴侣成了异国恋。异国恋比异地恋要面临更大的困难,例如恋爱中的伴侣有时不仅要克服远距离所带来的沟通困难,还可能面临不同国家的时差所造成的作息差异,或者在适应不同国家的文化差异中产生的各种负面情绪等,给伴侣间的沟通带来了更大的挑战。

传统意义上,我们认为在恋爱关系中需要通过沟通来了解彼此的爱好和需求,同时还要抽出一定的时间陪伴自己的伴侣,从而保持良好的亲密关系。而对于异地恋的伴侣,地理上的距离不仅缩减了他们面对面相处的时间,也限制了他们之间的沟通和联系方式。因此,很多即将选择或者已经处在异地恋关系中的同学,很想知道与同地恋相比,异地恋真的难以维系么?国内外的许多研究者也开始对异地恋产生兴趣,希望通过对同地及异地的恋人进行对比研究,探讨两种恋爱模式下的关系质量是否存在显著差异。

早期的一些研究表明,异地恋的恋人感知到的陪伴更少,获得伴侣的日常信息也更少,从而降低了他们整体的关系满意度。美国心理学者马圭尔和金尼(2010 年)发现,相较于男生,异地恋会给女生带来更多的痛苦。在保持一段异地恋爱关系的过程中，异地恋的恋爱压力显著高于同地恋人，异地恋的亲密感和依恋感也显著低于同地恋人。但也有许多研究发现处于异地恋中的个体表现出更高水平的亲密感，更倾向于避免冲突，更会选择性地表现自己积极的一面。在开始一段异地恋关系时，个体可能会倾向于提高选择伴侣的条件，放弃可能存在风险的伴侣。另一方面，许多研究支持异地恋的恋人更容易维持积极联系的感觉，更少面对生活中的琐碎事务，对伴侣的理想化水平更高。

还有一些研究者认为，同地恋人与异地恋人之间可能并不存在很大差异。美国心理学者古尔德和斯文森通过研究发现，尽管异地恋被试者平均23天才见面一次，但并未发现他们在关系满意度、亲密感、相互信任、关系进展程度上存在显著差异。同时，美国心理学者巴克斯特和布利的研究表明，地理位置上的分离并没有改变被试者在关系中的承诺水平。美国心理学者史蒂芬和古尔德分别通过对未婚情侣进行跟踪研究发现，异地恋情侣相处的时间相对较少，但是分手比例与同城恋并无显著差异，甚至低于他们。也就是说距离虽然影响了异地恋人的见面时间，但是似乎并没有影响他们恋爱关系的保持。这也就是所谓的“距离产生美”。

异地恋的情侣们可能遇到哪些问题呢？我们在此总结了一下：

首先，异地恋的情侣们因各自身处异地而只能通过电话、短信或微信等方式来联络对方，虽然现在可以通过视频的方式来进行沟通，但视频不如文字沟通快速方便。但在通过文字进行沟通时，可能出现因无法准确表达自己的真实想法而产生误解的情况。其次，异地恋的情侣们因各自忙于学业难免有疏于联系的时候，很多时候给对方发微信或打电话很久都没有音讯，难免会产生各种猜疑，一旦这种猜疑在心里产生，势必会在电话、微信中质疑对方，而恋爱的双方最重要的是信任，这种猜疑的话语会让对方反感，亦会让彼此产生矛盾。另外，部分女生一旦恋爱了便会产生很强的依赖心理，很多时候原本坚强的她会因有这种依赖而变得脆弱，总会在遇到困难或挫折、生病等情况下给对方打电话，需要对方的安慰和鼓励，而有些男生不懂得这个时候需要安慰女生及如何安慰对方，这种情况下女生便会感到缺乏安全感，认为对方不喜欢自己了，这样势必会影响彼此的感情，产生矛盾。最后，异地恋相较于同地恋有更多的困难，要承担距离带来的思念之苦，以及对方不在身边的孤单寂寞。还会带来一定的经济压力。例如异地恋的情侣们为了能相见，要乘坐不同的交通工具去对方的城市，还要花费住宿、饮食等费用。对于还没有工作的大学生来说，这确实带来一定的经济压力。

异地恋会让人更深刻地体验到爱情中的酸甜苦辣，两个人都需要付出更多的努力，去发展自己爱的能力，建立起亲密关系。让我们从不同的视角出发，去发现自己爱的能力，来感受恋爱的双人关系。以下给出了一些异地恋相处过程中的建议：

1. 正视思维差异

例如，在一段异地恋中，女孩发信息说：我感冒了，好难受。男生一般会回复：去看医生，好好休息，多喝热水之类的。女孩会继续说：我知道，可我还是很难受。大多数男生此时脑中充满疑问，不知如何回复。当对话到这个时候女孩已经不开心了，她们的内心独白是：我很不舒服，希望你在身边陪伴我，照顾我，可是你不在，这让我心里很难过，所以这时候我更需要你安慰我。可是男生的内心独白是：你现在遇到的问题是生病了，解决办法是看医生。这样的对话相信在情侣之间很常见，而异地恋的情侣因为远距离的困境，会使矛盾升级。当遇到这类情况时，双方先不要急着下结论，不是你们的爱情出现了问题，而是男女的思维方式本就有着巨大的差异。我们从小被教育男孩要有男孩的样子，女孩要有女孩的样子，可是成年之后却忽略了男女之间巨大的思维差异，在建立亲密关系时自然地认为彼此是同一个语言体系的。异地恋的距离感让差异性尤其明显，沟通不顺畅进而影响两个人的感情。所以我们要了解两性的思维差异。女性一般是情感取向，很多时候的表达只是在寻求安慰和理解，希望将自己的情绪倾诉给最亲密的爱人，这样的倾诉过程和被安抚的感觉已经满足了情感上的需求。而男性是解决问题取向，他们听到的是爱人遇到了困难，我要来帮助她解决问题，这就是她说给我听的原因，也是我爱她的表现。于是就出现了例子中的误会。那么该怎么办呢？我们需要调整我们的思维模式。当男生知道女友只是在寻求安慰时，可以这样回复：亲爱的，要照顾好自己，我虽然不在你身边，但是听到你难受，我也很着急，很心疼。当然女生也要明白这只是他和自己表达方式不同，并不代表他不爱自己。

2. 对自我的理解和提升

恋爱中的双方很容易对彼此产生依赖性。例如当一方帮助另一方解决学业或生活中的困难时，另一方产生依赖性，从而不愿去提升自己。而恋爱是在独立和依赖中找到一种自在的平衡。异地恋因为距离的问题，会让恋爱的双方在关系中看到更脆弱和依赖的自我需求，进而去理解自己并提升自己。亲密关系是我们克服困难时的后盾，它给予我们支持，并且为我们提升自己提供动力。

3. 对他人的理解和包容

异地恋并不适合所有人，所以在决定开始之前要对自己，对恋人有一定的了解。对另一半的理解和信任，是维系异地恋中必不可少的因素。例如，异地恋中的一方在给对方打了几次电话都没有回复的时候会胡思乱想，他/她是不是不在乎我了，是不是有新欢了，等等。这时候就要锻炼和提升自己在担忧和不确定时内心的承受能力，并试图去理解对方此刻的处境。对他人的理解和包容会逐渐建立起自己内心的安全感，这份安全和信任的感觉是让异地恋走下去的动力。

4. 彼此之间的信任

异地恋中彼此的信任，是克服困难的力量。了解是信任的前提，双方要对彼此的人格、价值观、爱情观有一定的了解。所谓的信任不是天真无邪的全然信任，而是两个独立的成年人经过检验的成熟的信任。就像斯滕伯格在恋爱三角理论中提到的承诺，对于异地恋，尤其需要两个人共同构建对未来愿景的承诺。因为这个美好的愿望是支撑走过艰难险阻的力量。异地恋只是一个中间时期，最终会走到一起，这样的终极目标会带领两个人共同朝同一个未来而努力。

（二）心理距离：暗恋

电影《一个陌生女人的来信》讲述了一名男子在 41 岁生日那天收到一封厚厚的信，信中一位陌生的女生讲述了她从 13 岁时起，对这位男子长达十多年的暗恋往事，而故事的男主人公对此却一无所知，这部影片把暗恋描绘到了极致。

暗恋，是指一个人对另一个人心存爱意或好感，但因为种种原因，无法将其表达出来。暗恋，可单方一厢情愿的暗恋，也可双方互相暗恋，不会将爱慕行为表现出来。

暗恋现象多发生在情窦初开的青少年中，可能因为现实中的种种压力和阻力，不得不将感情埋藏在心里。暗恋者可能因为自卑、胆怯、害怕被拒绝等原因，选择不将这份感情表达出来。在这个过程中，暗恋者可能会体验到微妙且矛盾的情绪。暗恋是大部分人都会拥有的感情。

暗恋是一种正常的现象，在一定条件下甚至会转化为前行的动力。

（三）虚拟距离：网恋

美国发展心理学家艾里克森认为，恋爱是人的一生中无法回避的课题，从 18 岁到 30 岁是亲密对孤独的关键期，是建立友谊和爱情等亲密情感的重要发展阶段。一个人如果在这一阶段不能与他人进行深层次的情感交流，就会产生孤独感。我国大学生的年龄正处于艾里克森所说的建立亲密关系的关键期。因此，大学生渴望友谊与爱情，表现出非常迫切的与异性交往的意愿和行为。大学生离开父母，告别亲友，来到一个陌生的环境，因此希望找到更多的朋友以消除寂寞。正如社会学家斯普朗格认为的那样：在人的一生中，没有任何人会像青年那样陷入孤独之中，渴望被人接近与理解；没有任何人会像青年那样在遥远的地方呼唤友谊。这种迫切的愿望，成为他们网恋的心理基础。因而网恋便成了当今青年群体寻求私密，自由恋爱的一个出口，甚至成为告别单身的途径之一。

网恋，是指以网络为媒介，借用聊天工具等互相聊天，人们之间互相了解，从而相恋。一般用来形容在现实生活中没有见过和相处过的一对恋人，单纯通过网络进行的恋爱，需要区别于普通的异地恋。网恋完全依附网络，充满了未知性和神秘，起始于未见过面，后或可转化为现实恋爱；而异地恋虽然由身处同地到身隔两地，但是起始于现实之中，并且偶尔还可以见到。

代显华(2002 年)认为当前大学生进行网恋表现出以下基本特征：网恋在大学生中的比例越来越高；大学生网恋具有冲动性，有些大学生和网友聊过一次天后就“一见钟情”，快速地在网上和对方确立恋爱关系，也不管网友在生活中的真实模样，对网友缺乏深入观察和全面了解，从网上相识到网上热恋，继而电话聊天，再到线下见面，时间短，升温快；大学生网恋具有虚幻性，网恋的魅力和危害都存在于网络的虚幻中，而网恋的浪漫也在于它根植于网络的虚幻之中，大学生具有丰富的想象力，在网上爱上的都是自己的想象；大学生网恋具有速成性，因为在网上看不到对方，所以可以毫不顾忌地交谈，所以从刚刚认识到无话不谈，往往只需要很短的时间。

与传统的恋爱方式相比，网恋少了一份尴尬，多了一份神秘。与现实自由恋爱相比，网恋择友的范围扩大了。如果双方通过网络相识，经过坦诚的交流，最后产生了共鸣，形成了情感依赖，如果回到现实生活中，双方见面后发现对方符合自己的设想，就会升华为爱情。但是网络就像一把双刃剑，无情地冲击着现代社会的观念，有利也有弊，以下列举了一些网恋可能会带来的负面影响甚至是危险：

1. 网恋引发学业问题

大学生长期迷恋交友聊天会给学业带来很大的影响。如果大学生在网上与对方交流很顺畅、有共鸣，就会对网友产生依赖的心理，幻想对方是自己的白马王子或梦中情人，因此花费大量的时间沉溺于网上聊天，然后睡眼蒙眬地走进教室，久而久之影响正常的学习生活。还有一些同学因网恋导致学习成绩下降、留级甚至退学。

2. 网恋引发人际关系问题

人际关系需要时间的投入，由于网恋使一些大学生迷恋于与网上朋友交流，热衷于虚拟的朋友关系，而无法与现实中的朋友、同学沟通相处。他们常常拒绝和同学一起参加活动，对现实中的人际关系进行逃避，渐渐地在现实中的人际交往、人际沟通能力下降，引发人际关系的问题。

3. 网恋引发情绪问题

处于网恋中的大学生在网络中表现出兴奋，注意力集中，反应敏捷等积极情绪状态；而在现实生活中，他们会出现魂不守舍、烦躁不安等情绪。由于通过网络无法了解对方的真实情况，有些同学在与网友相见后发现对方与自己理想中的形象相去甚远，因此一蹶不振，情绪失落，甚至出现无法面对现实而厌世轻生，以致走上绝路。

4. 网恋失恋造成身心伤害

有的大学生因网恋失恋而无法控制自己的感情，严重地干扰到他的正常思维和对事物的判断力，使学习无法进行下去，甚至在极度悲痛、恐惧、紧张、忧郁、焦虑、烦躁下，会轻生或做出其他莽撞的举动。

5. 网恋的欺骗性对大学生的沉重打击

近年来，许多新闻都有关于大学生被“网友”或“网络恋人”诈骗、抢劫甚至杀害的报道。网络世界里人群复杂，其中就有些不法之徒，以其美丽的辞藻、广阔的学识，骗取了大学生的信任，在随后的约见中对其实施伤害的行为。还有些同学与网友恋爱一两年，最后才发现对方竟是同性。

随着信息化时代的快速发展，各类交友软件的开发，网恋这样一种浪漫的关系其实是一直存在的，甚至对它的需求比以往来得更加迫切。在此，希望同学们能够正确认识网恋，以及网恋所带来的利弊影响，正确对待感情。

第三节　多元取向的爱

爱的取向自古以来就是一个复杂的问题，有关取向的多样情况，在人类历史和不同国家的文化中都有描述。性取向是指一个人对男性、女性或两性产生持久的情感、爱情或性吸引。这些吸引通常被分为异性恋、同性恋和双性恋，有时也会将无性恋认为是第四类别。

性取向的产生有很多的理论。当今大多数学者认为性取向很可能是环境、认知和生物等多种因素的综合结果。对于大多数人，性取向在很小的时候就已经成形了。现在也有一些可靠的证据表明生物因素（包括遗传或先天荷尔蒙水平）对一个人的性特征起很大的作用。这个领域的很多定义仍在不断变化和探究，即便我们熟悉明白了几个概念，也不等于明白了关于其他性取向人群的全部知识。

常见的性取向有四种：异性恋、同性恋、双性恋、泛性恋、无性恋。

（一）异性恋

异性恋是性取向之一，具有异性恋性取向的个体被称为异性恋者。2020 年 5 月，我国发布《2019－2020 年全国大学生性与生殖健康调查报告》，调查的对象中，男性占34.2%，女性占 65.8%。在第二部分“择偶与恋爱篇”中，对大学生的性取向进行调查。结果显示，77.28%的大学生认为自己是异性恋。

在发布以上数据部分之后，《报告》提示：“性吸引受到很多因素的影响，形成了多元的性取向，这是正常现象。每个人看待自己社会性别和选择亲密关系的方式都是独特的，每个人都有权选择自己的生活，并有被尊重的权利。”

（二）同性恋

同性恋是指一个人无论在性爱、心理、情感还是社交兴趣上，主要对象均为同性别的人，这样的兴趣并未从外显行为中表露出来。2020 年 5 月，我国发布《2019－2020 年全国大学生性与生殖健康调查报告》中，结果显示有 4.58%的大学生认为自己是同性恋。每个人对自己性倾向的认识和认同都有一个过程，生理因素是同性恋的主要成因。奥地利精神分析学家弗洛伊德将同性恋归因于儿童时期的压力，特别是一个强势、过度保护的母亲配上一个软弱、无力而又有敌意的父亲，会使男性缺乏对男性形象的适当认同。另外，不稳定的家庭因素和情感受挫也是同性恋的成因之一。

（三）双性恋

双性恋是指在生活的性取向中，对两种性别的人都会产生性吸引或性冲动的取向者。在 2020 年 5 月我国发布《2019－2020 年全国大学生性与生殖健康调查报告》中，仅有 8.92%的大学生认为自己是双性恋。

（四）泛性恋

泛性恋是性取向的一种，指对任何性别皆能产生爱情和性欲的人，包括男性、女性、跨性别者（通常是指一个人在心理上无法认同自己与生俱来的生理性别，相信自己应该属于另一种性别）等。在 2020 年 5 月我国发布《2019－2020 年全国大学生性与生殖健康调查报告》中，仅有 1.22%的大学生认为自己是泛性恋。

（五）无性恋

无性恋是指一些不具有性欲望或者宣称自己没有性取向的人，即不会对男性或女性任一性别表现出性欲望。2020 年 5 月，我国发布《2019－2020 年全国大学生性与生殖健康调查报告》中，结果显示仅有 0.60％的大学生认为自己是无性恋。

无论是异性恋、同性恋还是双性恋等，其实都是我们加在自己身上的标签。这些性取向的标签影响着我们的身份认同。身份认同是对主体自身的一种认知和描述，身份认同告诉我们：我是谁，我和别人有何不同，有何相似。对如果失去了自我认同，或是无法合理解释这种认同，个体会陷入一种苦恼和迷茫中。弗洛姆在《爱的艺术》中写到，一切有能力爱别人的人也必定爱自己。爱他人是爱自己的另一种体验，因而我们要先学会爱自己，学会关注自己的感受，看到自己的渴求，在照顾好自己的前提下，去看见和照顾他人的真实需求。

心理测试

测测你的大脑偏男性还是女性

此测验可以测出你的大脑偏男性，还是女性。请用一张纸记下答案。在没有完成测试前，不要看最下面的结果分析，否则将会影响测试结果。

1. 你在看地图，或街上指示时，你会？

A. 有困难，而找人协助

B. 把地图转过来，面对你要走的方向

C. 没有任何困难

2. 你在准备一道做法复杂的菜时，一边正在播放收音机，另一边还有朋友的来电，你会？

A. 三件事同时进行

B. 关掉收音机，但嘴巴和手都没有停

C. 告诉朋友，你做好菜后马上回电话给他

3. 朋友要来参观你的新家，问你该怎么走，你会？

A. 画一张标示清楚的地图寄给他们，或是请别人替你说明该如何走

B. 问他们有没有熟悉的地标，然后告诉他们该怎么走

C. 口头上告诉他们该怎么走

4. 解释一个想法或概念时，你很可能会怎么做？

A. 利用铅笔、纸和肢体语言

B. 口头解释加上肢体语言

C. 口头上清楚简单的解释

5. 看完一场很棒的电影回家后,你喜欢?

A. 在脑海里回想电影的画面

B. 把画面及角色的台词说出来

C. 主要引述电影里的对话

6. 在电影院里你最喜欢坐在?

A. 电影院的右边

B. 不在意坐在哪里

C. 电影院的左边

7. 一个朋友的机器出了问题,你会?

A. 深表同情,并和他们讨论他们的感觉

B. 介绍一个值得信任的人去修理

C. 弄清楚它的构造,想帮他们修理好

8. 在不熟悉的地方,有人问你北方是哪个方向,你会?

A. 坦白说不知道

B. 思考一会儿后,推测大约的方向

C. 毫无困难地指出北方方向

9. 你找到一个停车位,可是空间很小,必须用倒车才能停进去,你会?

A. 宁愿找另一个车位

B. 试图小心地停进去

C. 很顺利地倒车停进去

10. 你在看电视时,电话响了,你会?

A. 接电话,电视开着

B. 把音量转小后才接电话

C. 关掉电视,叫其他人安静后才接电话

11. 你听到一首新歌,是你喜欢的歌手唱的,通常你会?

A. 听完后,你可以毫无困难地跟着唱

B. 如果是首很简单的歌,听过后你可以跟着哼唱一小段

C. 很难记得歌曲的旋律,但是你可以回想起部分歌词

12. 你对事情的结局如何会有强烈的预感,是借着?

A. 直觉

B. 可靠的资讯和大胆的假设,做出判断

C. 事实统计数字和资料

13. 你忘了把钥匙放在哪里时,你会?

A. 先做别的事,等到自然想起为止

B. 做别的事，但同时试着回想你把钥匙放在哪里

C. 在心理回想刚刚做了哪些事，借此想起放在何处

14. 你在饭店里，听到远处传来警报，你会？

A. 指出声音来源

B. 如果你够专心，可以指出声音来源

C. 没办法知道声音来源

15. 你参加一个社交宴会时，有人向你介绍七八位新朋友，隔天你会？

A. 可以轻易地想起他们的长相

B. 只能记得其中几个的长相

C. 可能记住他们的名字

16. 你想去乡间度假，但是你的伴侣想去海边的度假胜地.你要怎么说服他/她呢？

A. 和颜悦色地说出你的感觉：你喜欢乡间的悠闲，小孩和家人在乡间过得很快乐。

B. 告诉他/她，如果能去乡间度假，你会感到很愉快，下次你会很乐意去海边。

C. 说出事实：乡间度假区比较近，比较便宜，有规模适当的休闲设施

17. 规划日常生活时，通常你会？

A. 列张清单，这样一来该做什么事一目了然

B. 考虑你该做哪些事

C. 在心里想你会见到哪些人，会到哪些地方，以及你得处理哪些事

18. 一个朋友有了困难，他来找你商量，你会？

A. 表示同情，还有你能理解他的困难

B. 说事情并不如他想的严重，并加以解释？

C. 给他建议，或是合理的忠告，告诉他该如何解决

19. 两个已婚的朋友有了婚外情，你会如何发现？

A. 你会很早就察觉

B. 经过一段时间后才察觉

C. 根本不会察觉

20. 你的生活态度如何？

A. 交很多朋友，和周围的人和谐相处

B. 友善对待他人，但保持个人隐私

C. 完成某个伟大目标，赢得别人的尊敬，获得名望及晋升

21. 如果有选择,你会喜欢什么样的工作?

A. 和可以相处的人一起工作

B. 有其他同事,但也保有自己的空间

C. 独自工作

22. 你喜欢读的书是?

A. 小说,其他文学作品

B. 报纸杂志

C. 非文学类,传记

23. 购物时你倾向?

A. 常常是一时冲动,尤其是特殊物品

B. 有个粗略的计划,可是心血来潮时也会买

C. 读标签,比较价钱

24. 睡觉、起床、吃饭,你比较喜欢怎么做?

A. 随心所欲

B. 依据一定的计划,但弹性很大

C. 每天几乎有固定的时间

25. 当你开始一个新的工作,认识许多新同事.其中一个打电话要到家里找你,你会?

A. 轻易认出他/她的声音

B. 聊了一会儿后,才知道他/她是谁

C. 无法从声音辨认他/她到底是谁

26. 和别人有争论时,什么事会令你很生气?

A. 沉默或是没有反应

B. 他们不了解你的观点

C. 追根究底的问问题,或是提出质疑,或是评论

27. 你对学校的拼字测验以及作文课有何感觉?

A. 觉得两项都很简单

B. 其中一项还可以,另一项就不是很好

C. 两项都不好

28. 碰到固定的舞步或是爵士舞时,你会?

A. 听到音乐就会想起学过的舞步

B. 只能跳一点点,大多想不起来

C. 抓不准时间和旋律

29. 你擅长分辨动物的声音,并模仿动物的声音吗?

A. 不太擅长

B. 还可以

C. 很棒

30. 一天结束后，你喜欢？

A. 和朋友或家人谈谈这一天过得如何？

B. 听别人谈他/她这一天过得如何

C. 看报纸电视，不会聊天

评 分 表

序号	A：+15	B：+5	C：−5
1			
2			
3			
4			
5			
6			
7			
8			
9			
10			
11			
12			
13			
14			
15			
16			
17			
18			
19			
20			
21			
22			
23			
24			
25			
26			

续表

序 号	A:+15	B:+5	C:−5
27			
28			
29			
30			
总分			

评分标准:各项目之和的总分。

选择 A:+15 分

选择 B:+ 5 分

选择 C:− 5 分

结果解释:1. 多数男性的分数会分布在 0~150 分之间;多数女性的分数会分布在 180~300 分之间。

2. 偏男性化的大脑,分数会低于 150 分。分数越接近 0 分就越男性化,睾丸素的分泌也越多。拥有偏男性化的大脑说明你有很强的逻辑观念、分析能力、说话技巧,很自律,也很有组织,不容易受到情绪的影响;要是女性得到很低的分数,可能她有女同性恋的倾向。

3. 偏女性化的大脑,分数会高过 180 分。分数越高,大脑就越偏女性化。拥有偏女性化的大脑说明你富有创意,有音乐艺术方面的天分,会凭直觉与感觉做决定,并擅长从很少的资讯中判断问题;分数高过 180 分的男性,可能有男同性恋的倾向。

4. 分数在 150~180 分之间的人,思考方式拥有两性的特质。对男女都没有偏见,并在解决问题方面,反应会比较灵活,找出最佳的解决方法,不管男性或女性,都可以成为他们的好友。

资源共享

图书推荐:《男人来自火星,女人来自金星》

《男人来自火星,女人来自金星》是 2020 年北京联合出版公司出版的图书,作者是美国畅销书作家约翰·格雷。这本书讲述了在情侣或夫妻之间,总会产生各种摩擦或冲突,这类冲突可能在外人看来微不足道,但对于实际相处的两个人,可能引发硝烟弥漫的战争,本质上是因为男女两性处理问题和表达情绪的方式不同所造成的。作者以男女来自不同的星球这一新鲜、生动、形象的比喻，分析和归纳出男性和女性在生理、心理、语言、情感等方面的差异性。当对方没有以我们理想中的方式给予回应时，了解这些差异可以帮助我们多一些宽容，多一些谅解，同时学会倾听，学会共情，学会用正确方式去了解对方的内心感受。

电影推荐：《黄河绝恋》

该片讲述了二战后期，盟军飞行员欧文因飞机被日军军舰击中被迫降落在长城脚下，生命危急之际，他被八路军和当地老百姓救下，不久，战士黑子和懂英文的女军医安洁奉命护送他前往根据地。为渡过黄河，黑子带欧文和安洁潜回他的家乡，一路历经艰辛。通过与安洁的交流，欧文对中国有了更深的了解，他渐渐爱上美丽、聪慧、坚强的安洁。而安洁和欧文在患难中建立起来的爱情也在日本鬼子的机枪声中变成了绝唱。

第十章　大学生的爱与性

爱情跟性欲
一胞双生 类而不同
性欲并非爱情的基本
爱情也不是性欲的升华

——钱锺书

身边的故事：男友要发生性关系，怎么办？

大鹏和小婷是高中同学，在不同的城市上大学，他们恋爱一年半了，但因为异地，聚少离多，虽然感情基础不错，但难免偶尔因为一些小事发生争执。大鹏曾提出想要和小婷发生性关系，小婷觉得虽然男友对自己很好，自己也挺喜欢他，但目前的时机还不成熟，双方的感情还不太稳定，希望等将来在同一个城市读研究生的时候再与大鹏发生性关系。但最近小婷无意中发现大鹏居然“约炮”了，觉得根本无法理解男友的做法，她怀疑男朋友已经不爱自己了。如果爱的话，怎么能和一个陌生女性发生性关系？性和爱可以分离吗？男友这样做，自己该怎么办呢？

想一想：

性欲与爱情到底是什么关系呢？

两者可以分离吗？

写一写：

记下思考的内容。

____

____

____

大学生面临两种相互交织的人生转变：一方面，大学生经历着从青春期到成年初期的转变，开始不断探索、渴望形成自我认同；另一方面，生活重心从家庭过渡到学校，自身拥有了更大的自主权和决策权。而对亲密关系的探索（包括对性的探索）是大学生自我认同发展的一个重要方面。谈到性，你最先想到的是什么？可能你会觉得羞于启齿，也可能会启动一些观念（如，性是美好的/

肮脏的……）和与之相关的一些感受（比如期待，尴尬，担心，恐惧……），甚至会让你想起意外怀孕、同性恋、艾滋病……然而，不管是学术研究还是在实际生活中，我们都会发现，其实性与爱情是很难分开的，正如爱情三角理论中所阐述的，激情是爱情必不可少的一个成分，性可以让恋爱双方的情感联结更进一步。那么，性欲与爱情到底是什么关系呢？性和爱情可以分离吗？随着人们的性观念越来越开放，面对艾滋病在大学生群体中不断飙升的趋势，我们该如何进行自我保护和预防？

第一节　爱情与性欲

（一）爱情与性欲之间的联系

国内外的研究都发现，大多数大学生在恋爱关系中会发生（第一次）性行为。而且，许多年轻人认为恋爱关系是发生第一次性行为的前提。具体而言，没发生过性行为的青少年大部分希望先谈恋爱，这也说明恋爱关系在性行为中的重要性；已经发生过性行为的青少年中，大部分发生第一次性行为的原因也是已经确定了比较稳定的恋爱关系，这也说明爱情与性活动是密不可分的。

1. 性行为的动机

人们发生性行为的动机是什么呢？美国临床心理学家、性研究者梅斯顿和进化心理学家巴斯（2007 年）让大学生列出“自己或周围人过去发生性行为的所有理由”，结果发现有多达 237 条不同的理由。比较常见的理由有：吸引力、享受快乐、表达情感、表达爱意、性唤醒、取悦伴侣、情感联结、好奇、探险等；比较少见的理由有报复他人、获得好处（得到工作机会、金钱、晋升等）、提高社会地位等。

人们性行为的动机，范围广泛，从利他的动机到报复的动机，从没有感情色彩的动机到具有情感联结的动机。研究者将其概括为四类：第一类涉及性的情感成分，这类动机以性行为作为沟通、表达爱意和忠诚的手段；第二类涉及性的生理需求成分，包括从性行为中获得的感官享受和未来伴侣的长相吸引力，释放压力及获得性经验；第三类涉及目标达成等实用的理由，包括要获得资源、社会地位，报复他人及其他功利主义的理由，从生孩子到让伴侣嫉妒，范围最广。第四类是不安的理由，包括提高个体的自尊或防止伴侣移情别恋。男女两性都很赞成通过性来表达爱意、增强双方情感联结，但男性比女性更可能因为生理需求、实用和不安的理由而与人发生性行为。虽然这些差异较小，但男性所报告的性行为理由比女性更加多样化、更实际。可见，性行为有时可以作为表达爱意、增强双方情感联结的行动，但它有时却并不具有浪漫的目的。

2. 性对爱情关系的影响

美好的性生活在维系爱情关系中到底有多重要呢？研究发现，虽然好的性生活并不是美满关系中最重要的组成部分，但它却是不可或缺的。美国大学性教育家巴瑞和麦卡锡（2012 年）发现，关系美满的伴侣只将 15%～20%的幸福感归于愉快的性生活，然而对关系不满意的伴侣却将 50%～70%的痛苦归于性生活不和谐。可见，性生活的满意度是美满爱情关系的必要而非充分条件。

爱情与性是相互影响的，性体验与性满足是伴侣关系质量的预测因素。恋爱关系的状态或质量不仅会影响性行为及其满意度，而且性行为的类型和质量也会影响对恋爱关系的评价。美国心理学家米勒和珀尔曼（2011 年）发现，性体验确实可以预测伴侣们感知到的恋爱关系的质量，好的性爱就是一种强烈的情感联结。具体来说，接吻次数多的伴侣对他们的关系更满意，对关系的承诺也更高；对伴侣有更多生理需求的青少年（即，正在热恋中、对伴侣身体感兴趣的人）对关系的满意度和忠诚度也更高。研究者还发现，性欲的有无会影响人们对恋爱关系的直觉，但是否真有性行为、性欲是否得到满足并不重要。性欲与爱情是密不可分的，热恋中的伴侣通常都对彼此有强烈的性欲。

而且，性生活的不和谐可以作为伴侣关系问题的预警指标。加拿大心理学家约翰逊（2018 年）发现，当关系出现问题的时候，往往最先影响的就是伴侣间的性生活，虽然背后真正的症结可能在于两个人的感情出了问题，双方失去了情感联结。如果伴侣在一起感受不到他们之间的情感是安全的，就会导致性欲及性爱的愉悦感降低；当性爱次数减少，就会造成更多受伤的感觉，最终导致情感联结更加不稳定，如此循环。也就是说，情感不稳定，性欲减退，愉悦度降低，性生活出现问题，而后者则会降低伴侣双方的情感联结。

（二）如何区分爱情与性欲

1. 性欲与爱情的区别

性欲以对特定目标的性想法、性幻想的频率和强度的增加为特征，以性行为的圆满完成为目标；而爱情则以希望与一个重要的人保持长期的关系为特征。爱情是一个抽象的概念，通常与长期目标相关，而生理需求则更聚焦于当下的感受。纯粹的生理需求，仅仅建立在性吸引力和幻想上，它在双方逐渐认识到真实的彼此后便会消散。爱情与性欲并不相斥，性需求也是亲密关系的一部分，但爱情往往需要较长的时间让双方了解彼此。性的生理需求让双方不由自主地靠近，而爱情则让双方想要长久地在一起，拥有更深层的情感联结。在亲密关系的某些阶段，二者彼此重合。

爱情不是性欲的先决条件，性欲也不一定产生爱情。爱情与性欲都不仅仅是一种基本情绪，它们也调节复杂的奖励情绪、目标导向的动机和认知。爱情和性欲是由共同的大脑区域来调节躯体感觉整合、奖赏期望和社会认知，前脑岛的激活与爱情有关，后脑岛的激活与性欲有关。可见，爱情和性欲的神经中枢既有联系，又有区别。

研究者让大学生在120张照片中，先挑选出自己有“性冲动”和“恋爱感觉”的对象。随后，将这些照片展示给他们，同时监测他们的眼动情况。结果发现，人们会长久地凝视着恋爱对象的脸，却更多地注视有性冲动对象的身体。相互对视是情侣间最可靠的爱的标志之一，当一个人注视另一个人时，看脸还是看身体可以反映他/她对对方有爱意还是有性欲。

一般来说，性吸引和爱情有一些比较典型的信号区别。下面是一些基于性吸引力的关系的标志：

(1) 你感到对方只看中你的外貌和身材。

(2) 对方把你当作所有物，只喜欢你的某一点，而不是喜欢全部的你。

(3) 对方只想发生性关系而不愿意沟通。

(4) 对方给你留下了好印象，但达到目标后，他/她就想离开。

(5) 对方更愿意把你们的关系维持在幻想层面上，却不愿意谈论你们真实的感觉，更不愿谈及未来。

(6) 对方更多地想要得到，而不愿意付出。

(7) 事后，对方不会和你拥抱缠绵；或只是睡一觉，隔天醒来就匆匆离开了，不和你一起吃早餐。

如果对方在你面前的表现和以上几点特别吻合，那么可能你们更适合做炮友，因为他/她基本没考虑过和你建立亲密关系。考虑到每个人在关系中的相处模式有所不同，在实际交往中，我们还可以从以下6个方面来区分爱情与性欲：

表10-1 性欲与爱情的区别

问题	性欲	爱情
你们的联结更偏向哪一种？	身体	情感
你每次感受到的亲密感能维持多久？	短暂易逝	持久稳定
你们更享受哪种快乐？	即刻满足	延迟满足
你们的沟通交流情况怎样？	浮于表面	深入灵魂
你们对彼此的兴趣有何变化？	快速减少	缓慢增加
在关系中，你们更关注的是？	“你”或“我”	“你”和“我”

2. 真正爱情的信号

如果双方之间是真正的爱情，通常有以下信号：

(1) 你可能说不出来具体喜欢他/她什么，但就是很坚定地爱着他/她。

(2) 你清楚地知道他/她有哪些缺点，但仍然想和他/她在一起。

(3) 你们在一起的时候，很多时间只是待在一起，并不发生性关系。

(4) 你们有聊不完的话题，感觉时间过得很快。

(5) 你们愿意聊自己所有的事情，即使一些令人尴尬的经历，对方也不会批评、指责。

(6) 你们会真诚地聆听对方的感受，想让对方快乐。

(7) 和他/她在一起让你感到很安全、舒心，不用伪装，可以做真实的自己。

(8) 什么事情你们都想第一个与对方分享。

(9) 你愿意与他/她共渡难关，而他/她使你成为更好的人。

(10) 你想要见他/她的家人和朋友，共同计划你们的将来。

如果你们双方都能做到以上几点，那么你们彼此可能就找到了对的人。

(三) 爱情与性，谁先谁后

性究竟是像吃饭、睡觉一样的生理需要，还是更接近爱情？性和爱可以完全分离吗？爱情和性，谁先谁后？如果性只是一种生理需要，那么性与爱情可以分离，性无关于爱情，约炮等爱情之外的性行为似乎无可厚非；如果性与爱情密不可分，或者说性必须存在于爱情中，那么就应该爱情先于性，人们就不应该约炮。

当代大学生究竟如何看待这个问题呢？美国心理学者奥姆斯特德等人(2017年)针对大学生的研究发现，关于爱情与情欲之间的关系，可以分为三类：承诺者(Committers)、灵活者(Flexibles)、享乐者(Recreationers)。

(1) 承诺者。近3/4的被试属于承诺者(83.1%的女性和54.8%的男性)。对于承诺者而言，爱情与性是不可分割的，爱情与承诺是与伴侣发生性行为的必要前提，爱情与承诺先于性，爱情比性更重要。性是与另一个人完全分享自我的一种方式，是对伴侣深厚感情的表达，通常也是对关系承诺的表现，只有在双方关系非常稳定的情况下才会发生性接触。性是长期承诺关系的一部分，具有排他性。甚至有些大学生认为，只有在遇到对的人，才可以发生性行为；一旦发生性行为，你就要做好将来与对方结婚的准备。与后两者相比，承诺者的约炮行为最少。

(2) 灵活者。约20.7%的被试属于灵活者(14.0%的女性和34.5%的男性)。在他们看来，性可以有多种含义，而与爱情的关系则取决于多种因素。性有时意味着爱情，有时只是为了满足个体的性冲动，除了可以让人们享受快乐之外没有任何意义。如果你正在恋爱中，和你真正在乎的人在一起，那么性与爱情和承诺密不可分，爱情与承诺先于性；然而对于约炮者而言，只有性接触却无关爱情与承诺。性和承诺并没有必然的联系，爱情与承诺可以先于性，性也可以先于爱情与承诺。与承诺者不同，对于爱情与承诺是否是性行为的必要条件，灵活者没有那么严格的界限，他们既可以接受在恋爱中发生性行为，也能够接受约炮这种无关承诺的、发生在恋爱关系之外的性行为。

(3) 享乐者。仅有5.5%的被试属于享乐者(2.9%的女性和10.7%的男性)。对于他们而言，至少在当前这个人生阶段，性只是一种生理需求，主要是为了寻求快乐，与爱情和承诺无关。他们最能接受约炮等随意性行为。然而，有些享乐者也表达了这样的期待——“我最终想要的是一段认真的恋爱关系，在这段关系中，我只与一个伴侣发生性关系”。

而且，经过一个学期的追踪发现，大多数被试(82.2%)对性与爱情和承诺之间看法保持稳定，承诺者对性、爱情和承诺的看法最为稳定。可见，大多数大学生还是认为爱情与性是密不可分的，爱情先于性。

第二节　性的两性差异

(一) 为什么存在两性差异

1. 进化心理学视角

美国进化心理学家巴斯(1998年)认为，性行为的性别差异是进化的结果，是男性和女性面临不同的繁殖困境的产物。性策略理论是进化心理学在性行为领域的一个重要应用。这一理论认为，两性在生养孩子上的养育投入不同，女性的繁殖能力有限，只能生育和照顾有限数量的孩子，所以确保后代存活是她们获得遗传成功的最有效手段，因而，她们会选择能为家庭提供资源的伴侣来确保每个后代的生存质量，更注重后代的质量。然而，男性的生殖能力不受限制，他们历来喜欢许多短期的性伴侣，希望借此能有更多的孩子，把他们的基因传递下去，更注重后代的数量。尽管大多数现代男性的目标可能不是与短期伴侣生育很多孩子，但男性仍然希望有多个性伴侣及更频繁的性行为，这是进化而来的。因而，该理论认为，性策略上的性别差异会导致性行为上的性别差异。而且，这一理论还认为，男性比女性更有可能从事随意性行为，有更多性伴侣，发生更多关系外性行为。在性态度方面，进化心理学认为，男性比女性更容易接受较少需要性承诺的性活动，比如对婚前性行为、婚外性行为、随意性行为等的态度更为宽容。

进化心理学还认为，两性在短期的艳遇和长期、稳定的亲密关系中所追求的异性的特点存在不同。在短期的关系中，男性对他们的伴侣不是特别挑剔，而在长期的关系中，男性偏好守身如玉的女性来保持父系的确定性。性策略理论认为，女性在寻找短期伴侣时更喜欢有即时资源的男性，而在寻找长期伴侣时更喜欢有未来资源潜力的男性。与女性相比，男性更渴望短期的性关系，但男性和女性通常都会在人生的某个阶段进入长期的恋爱关系，如婚姻。

2. 社会学习理论视角

根据社会学习理论，学习是通过观察他人的行为、分析他人的行为，并模仿他人的行为发生的。电视、杂志和互联网等媒体传播的性行为和态度会影响人们的性行为。事实上，人们接触媒体越多，性行为和态度就越宽容。从 1998 年到 2003 年，欧美电视上的性爱场面几乎翻了一番。社会学习理论预测，随着时间的推移，女性越来越开放，在性行为和性态度上的性别差异会缩小。美国心理学家彼德森和海德(2010 年)对性态度和性行为的元分析发现，从 20 世纪 90 年代初到现在，在性行为发生率、随意性行为、对婚外性行为的态度等方面的性别差异有所减少，但在不安全性行为、持有双重标准等方面的性别差异却有所增加，主要原因可能是因为男性的性行为趋向于更加保守。

3. 社会结构理论视角

社会结构理论的代表学者伊格利和伍德(1999 年)认为，心理性别差异是由性别分工和权力上的性别差异造成的。从历史上看，男人比女人个头大，力量也更大，他们专门从事家庭以外的劳动，而女人有能力分泌乳汁，专门照顾孩子。这种分工逐渐呈现出“男性养家糊口，女性相夫教子”的特点。而在许多社会中，养家糊口的人比家庭主妇有更多的权力和地位，男人比女人有更多的权力。即使在当前世界范围内，也存在一种性别权力等级制度，在这种制度下，男性比女性控制更多的资源，拥有更大的影响力。

在性方面，这一理论认为，权力的性别不平等导致了这样一种观点，即女性的价值低于男性，男性更多地把女性看作是满足其性冲动的对象，通常与其维持没有承诺的非正式关系。由于女性的权力和收入不如男性，她们必须依赖男性，把男性作为经济上的后盾，并寻求与有权势的男性建立长期、忠诚的关系，以获得资源。因此，社会结构理论认为，在性行为上的性别差异是权力上的性别差异的结果。

虽然这种权力上的性别差异在世界上大多数地区都是真实的，但权力差异的大小在不同的文化中是不同的。与更平等的社会相比，在权力上存在巨大性别差异的社会在性行为上的性别差异更大；反之，与性别不平等程度较低的国家相比，性别平等程度较高的国家在性行为方面的性别差异较小。

4. 性别相似性假说

性别相似性假说认为，男性和女性在心理社会性以及性方面更加相似而非不同。彼德森和海德（2010年）的元分析结果发现，两性在认知能力、心理健康和自尊等方面，性别差异很小或接近于零，从而支持了这一假设。性行为中的许多性别差异，如性满意度，是可以忽略不计的。性行为上的有些性别差异，特别是自慰的性别差异和对随意性行为的态度，是性别相似性假说的例外。

虽然进化心理学、社会学习理论和社会结构理论都提出了不同的机制来解释性别差异，但它们都认为性别差异很可能存在。然而，性别相似性假说并不一定与这些理论相矛盾。虽然这一假设提出了许多性行为和性态度的性别相似性，但例外情况支持进化心理学和社会学习理论。而且，社会学习理论和进化心理学都提出了对随意性行为态度的性别差异的解释，并被认为是性别相似性假说的例外。同样地，与性别相似性假说一致，社会学习理论和社会结构理论提出，性别差异如果存在，也不是静态的或普遍的，而是可能被诸如性别平等程度等背景变量所调节的。

（二）性态度与性行为上的两性差异

虽然人们的性观念已经发生了较大的变化，但研究表明，性别的双重标准仍然存在。男性的性经历更多，性态度更加宽容。彼德森和海德（2010年）对性态度和性行为的元分析发现，男女两性在性行为上的最大差异表现在自慰的发生率上，男性自慰的频率显著高于女性；对随意性行为的态度和行为上也存在较大性别差异，男性更能接受约炮等随意性行为，也更可能会约炮。

从性别社会规范来看，社会对女性的性行为社会规范更严格，期望年轻女孩尽量避免性行为，避免结交多个性伴侣，而男性却有更大的性自由。女孩们也经常被她们的同伴劝阻不要发生性行为，而男性的同伴经常鼓励他们的性行为，同时男性面临来自同性同伴的性活动压力更大。

从性伴侣的数量来看，男性报告的性伴侣数量显著高于女性。

从性欲望来看，彼德森和海德（2010年）发现，男性比女性的性欲望更强、性驱力更高。男性每周会体验到37次性欲望，而女性体验到的只有9次；性幻想的次数更高。男性比女性更经常渴望性生活，更可能购买情趣用品和使用色情素材。男性自慰的频率更高。

从发生性行为的动机来看，美国心理学家梅斯顿和巴斯（2007年）发现，男女两性都很赞成通过性来表达爱意、增强双方情感联结，但男性比女性更可能因为生理需求、实用和不安的理由而与人发生性行为。

从与性行为相关的情感来看，有性经历的男孩总体上比有性经历的女孩拥有更积极的性情感。具体来说，男孩在性爱后感到更自豪，而女孩则更有可能感到羞耻。研究还发现，许多女孩在经历了第一次性行为后，会产生矛盾心理。

总之，两性在性态度和性行为上存在大量相似性，但性别的双重标准仍然存在，两性在自慰、对随意性行为的态度和行为等方面存在较大性别差异，而这些性别差异可以用文化因素和社会化效应来解释，因为性规范是受文化的影响形成的，青少年性发展中的性别差异可能是特定文化中性别社会化的反映。

第三节　安全的性行为

近年来，随着大学生性观念越来越开放，对婚前性行为、随意性行为的态度比较包容，然而首次性行为的年龄较低、同时有多个性伴侣、安全套的使用率较低，导致大学生患艾滋病的人数不断攀升，因意外怀孕不得不人工流产的状况时有发生。而高危性行为的发生与未婚妊娠、人工流产、艾滋病、性传播疾病感染密切相关。

（一）大学生的高危性行为

大学生的高危性行为问题突出。多项研究发现，超过20%的大学生有过性经历，但首次性行为安全套的使用率却不足50%，而且青少年意外怀孕发生率超过15%。米国栋和吴尊友（2003年）认为，安全套的正确使用率在人群中维持在90%以上才能真正起到保护作用，达到预防艾滋病、性传播疾病的效果。然而，有性经历的大学生中，只有不足25%的大学生每次性接触都使用安全套。

1. 人们为什么不愿意使用安全套呢

首先，人们常常会低估不安全性行为的风险。美国心理学家米勒和珀尔曼（2011年）发现，虽然与艾滋病感染者一次性接触时未采取安全措施导致感染艾滋病的概率非常低，比如一位女性与一位男性艾滋病感染者在一次未采取安全措施的性接触后感染HIV的概率是0.2%，但10次未采取安全措施的性接触后感染HIV的概率是40.1%（远高于人们估计的5%），而在100次未采取安全措施的性接触后感染HIV的概率是99.4%。而且，同时有多个性伴侣时更有可能感染性病。此外，与低估不安全性行为的风险伴随的还有人们的侥幸心理及特殊安全错觉，常常觉得不好的事情更可能发生在别人身上，比如，觉得自己不可能染上性病，从而降低了安全套使用意愿和行为，增加了感染的风险。

其次,酗酒和性唤醒会导致人们做出冲动性的错误决策。本来已经准备使用安全套了,但酗酒和性唤醒会降低人们对风险的知觉和理性决策意识,在这种情况下更可能追求刺激及感官享受,从而临时起意不使用安全套,增加了性行为的危险。

再次,人们认为安全套会降低亲密感和愉悦度。这可能是人们不愿意使用安全套的最主要原因。两性都觉得如果不用安全套,性行为将令人更加快乐,男性尤其喜欢没有防护的性行为。美国心理学家米勒和珀尔曼(2011 年)发现,未使用安全套的伴侣认为性事让他们更亲密,情感更为满足。

最后,权力不对等。在伴侣关系中,如果强势的一方反对使用安全套,伴侣发生性行为时使用安全套的概率就会降低。美国心理学家米勒和珀尔曼(2011年)还发现,如果女性在伴侣双方中处于强势地位,那么伴侣发生性行为时更可能使用安全套。

2. 如何增强大学生使用安全套的意愿

没有保护措施的性接触是艾滋病传播的主要途径,而使用安全套则可以阻断艾滋病传播。虽然整体来看,人们已经越来越多地开始使用安全套了,但每次性接触都使用安全套的人数比例仍然偏低。心理学家一致认为,安全套使用意愿是人们是否会在实际的性接触时使用安全套的最直接、最重要的预测指标。而根据理性行为理论和计划行为理论,个体的行为意愿是由态度、主观规范和感知到行为控制共同决定的。也就是说,人们使用安全套的意愿是由对使用安全套的态度(如,对我来说,下次性接触时使用安全套是明智/愚蠢的)、主观规范(个体对于是否采取某项特定行为所感受的社会压力,通常通过重要他人认为个体如何做来影响个体的行为意向,如我的重要他人都认为下次性接触时我应该使用安全套)和感知到的行为控制(个体对其所从事的行为进行控制的感知,也可以称为自我效能,如,我相信下次性接触时我可以使用安全套)共同决定。有关 HIV/AIDS 的知识、疾病带来的威胁对于人们是否使用安全套的影响比较弱,而对使用安全套的态度、主观规范(特别是性伴侣对使用安全套的态度)和感知到的行为控制对人们是否使用安全套有较强的影响。

这就启示我们,仅仅宣传 HIV/AIDS 的知识对于提升人们使用安全套的意愿及行为来说是一个必要而非充分的条件。尽管改变人们对使用安全套的态度可能任重而道远,但使用安全套传递出对伴侣的尊重与珍惜却可以作为劝说伴侣使用安全套的切入点。对于男性而言,使用安全套意味着你对对方的尊重和珍惜,也意味着你是一个负责任的人;并不意味着对方并不真的爱你,不信任你,如果你连戴套这样简单的行为都不愿意承担,才是对这段关系不认真、不负责。对于女性而言,使用安全套意味着能够掌握自己的身体,从而能够掌握自己的生活,不会因为意外怀孕影响身心健康、工作和生活,也说明你是一个有能力对自己和他人负责任,能够坚定自己的价值观的人。如果双方都在全程避孕的情况下性接触,彼此才能完全地投入,更加享受性爱这件事。从某种程度上说,这才是双方真爱的一个标志。

(二)常见的避孕方法

目前,我国每年人工流产总数中,25 岁以下的女性约占一半以上,在有性生活的年轻女生,有超过 20%的人曾非意愿妊娠,其中高达 91%的非意愿妊娠最终不得不流产,其中重复流产——两次及以上人工流产、短期内重复流产的人不在少数。人流会对女生的身体和心理都造成巨大伤害,也会增大女生日后不孕的风险。那么,常见的避孕方法有哪些?哪种方法最有效呢?

常见的避孕方法有:安全期避孕法、体外射精法、安全套、避孕药、使用子宫内避孕器、避孕栓、皮下埋植避孕药等。中国性学家方刚(2019 年)认为,比较适合大学生的避孕方式有:安全套(男用、女用)、常规避孕药、避孕环。

1. 安全期避孕

安全期避孕是指能通过测算排卵期来避孕的方法。但是安全期需要女生密切关注自身的生理迹象,有些女生的排卵期并不规律。即使有规律排卵的女性,排卵也受个人情绪、压力、健康状态、外界环境等因素影响。所以安全期避孕并不安全,不建议采用这种方法。

2. 体外射精

体外射精是指男性即将射精时将阴茎抽出,使精液射在女性体外的一种方式,常用来作为一种避孕手段。但这种方式仍然能够导致怀孕,因为男性在射精前,阴茎已经分泌了少量含有精子的体液进入阴道。而且,体外射精很难把握时机。

3. 避孕药

紧急避孕药是在无保护性行为发生后或避孕失败后补救所用,不应作为常规避孕方法,但急需时仍然得服用。事后 12 小时内服用最有效,避孕有效率在 74%~85%,激素较高,有一定的副作用,容易引起恶心呕吐、月经周期紊乱等不良反应。

长效避孕药每月仅服用一片,看起来很方便,但这类药物激素含量大,副作用较多,且在体内会有一定的蓄积作用,现在已经基本被淘汰。

短效避孕药，一次1片，一个月连续服用21天，通过改变输卵管蠕动方式干扰受精、改变内膜形态阻碍受精卵着床、宫颈黏液黏稠阻碍精子穿透三种方式实现避孕。按正确的方法使用，有效性高达99%以上。短效避孕药激素剂量低，1～2天可代谢过半，不会在体内蓄积。

4. 安全套

在各种避孕方式中，安全套才是最可靠的方法之一。坚持全程正确使用质量合格的安全套既可以避免意外妊娠，又可以有效避免性病及艾滋病病毒的感染与传播。需要注意的是，安全套只能使用一次。中国性学家方刚（2019年）认为，同时使用两个安全套并不能起到双倍的防护作用，反而可能会因为摩擦更容易受损，导致怀孕和疾病感染。男用和女用安全套也不要同时使用。

没有一种避孕方法是能够保证100%避孕成功的。高效的避孕方法主要包括宫内节育器、皮下埋植剂、女性绝育术、男性绝育术、长效避孕针、复方短效口服避孕药等。而为人们所熟知的男用避孕套、女用避孕套、安全期法、体外排精法等，均属于有效避孕的范畴，且必须坚持和正确使用，否则失败率较高。

女性发生性行为后下一次月经如果推迟7～10天还没有来，就有可能是怀孕了。可以通过早孕试纸、验孕棒等检验是否怀孕，但同时还需要去医院进行B超检查来确定是否怀孕以及是否宫外孕。如果不慎意外怀孕，通常需要人工流产。人工流产主要分为人工药物流产与人工手术流产两种。药物流产需要在怀孕7周内进行，手术流产适宜在怀孕后10周内进行。14周以上需要进行引产，怀孕时间越久，引产风险越大。流产必须要到正规的医疗机构进行，不同人适合不同的流产方式，私自药物流产或在私人诊所进行的手术流产，不但价格高而且十分危险。人工流产对女性身体有一定的伤害性与危险性，可能会带来子宫内膜移位、习惯性流产、不孕不育、各类妇科炎症等。因此，中国性学家方刚（2019年）认为，发生性行为前采取保护避孕措施才是最安全、健康的方法。

（三）如何避免感染艾滋病病毒

1. 大学生感染HIV人数增加的原因

据中国疾控中心和清华大学医学院相关学者2019年在Science杂志上的文章称，在过去几年中，新诊断的感染HIV的大学生人数年增长率从30%～50%不等。研究者认为，造成这一现状的主要原因有三个：

首先是性教育的缺乏。为了考上理想的大学，全国上下普遍只重视学习成绩，性教育严重缺乏。最近的调查显示，大约一半的大学生接受了性教育，但这些性教育内容通常很少，不包括艾滋病和性传播疾病（STD）的预防措施；内容偏保守;而且这些性教育内容都是异性恋的,这也使得同性恋的艾滋病病毒感染相关的耻辱感持续存在。

其次,大学生的性观念和性行为越来越开放,但安全意识仍较低。大约60%～80%的大学生接受婚前性行为并且有多个性伴侣,对随意性行为的态度也渐趋包容。然而,大学生的安全意识仍然较低,加上性教育的缺乏,艾滋病和其他性传播疾病的风险随之增加。

此外,社会对艾滋病感染者的污名和歧视也让 HIV 病毒阳性和性病阳性的个人隐瞒其身份,成为隐形的疾病传播者。

2. 艾滋病的主要传播途径有哪些

艾滋病的传播途径主要有三种:

(1) 血液与体液传播。常见的传播方式包括:与他人共用被感染者使用过的、未经消毒的注射器、刀具等;输入艾滋病病毒感染者的血液或者血制品,包括人工授精、皮肤移植和器官移植。这些都容易感染艾滋病病毒。

(2) 母婴传播。感染艾滋病病毒的孕妇没有经过治疗就生下婴儿,或者直接用乳汁哺育婴儿,就会将艾滋病病毒传染给宝宝。如果妊娠期开始进行有规律的抗病毒和阻断治疗,是可以生下健康宝宝的,加上使用奶粉喂养,可以阻断母婴传播。

(3) 性传播。这是目前最主要的传播途径,只要与已感染艾滋病病毒的伴侣发生无保护措施(不用安全套)的性行为,就有可能被感染。截至 2019 年 10 月底,全国报告存活艾滋病感染者 95.8 万,最主要的传播途径是性传播,其中异性性传播占 73.7%,男性同性性传播占 23.0%。发生性行为时全程使用质量合格的安全套,可以避免被感染艾滋病。

除了以上三种途径外,艾滋病病毒的传播还要满足一些其他条件:有足够数量及活的艾滋病病毒、有体液交换。艾滋病病毒的数量只有达到一定的水平才会导致感染的发生。例如,感染者的血液、体液、乳汁、阴道分泌物、伤口渗出液中带有比较多的病毒,接触这些体液感染的危险性比较高,而唾液、泪液和尿液中病毒的含量很少或者没有病毒,因此日常生活接触不会传播艾滋病病毒,如握手、拥抱、共同进餐、共同工作学习、共用马桶、一起游泳、蚊虫叮咬等都不会被传染。艾滋病病毒离开人体后在空气中很快就会死亡。

艾滋病病毒可以通过伤口或溃疡进入人体,也可以通过肛门、直肠、生殖道等处的黏膜进入人体内。为了避免感染艾滋病病毒,要避免与他人共用针头,不去卫生不合格的小诊所打针、拔牙、文身、扎耳洞、理发等。另外,在身体有伤口的情况下,要避免他人血液和体液接触自己的伤口,比如在运动或车祸中受伤,都要注意防范。

中国性学家方刚(2019年)认为，了解艾滋病的传播途径，严格的保护措施就可以避免被传染，不必谈"艾"色变，也不要歧视艾滋病病毒感染者及艾滋病患者。我们应该与他们和谐相处，艾滋病病毒才是人类共同的敌人，而艾滋病患者不是。

心理测试

艾滋病预防知识小测试

以下有15个题目，请根据你掌握的常识，判断对错。

1. 艾滋病病毒可以通过血液或血液制品的交换进行传播。
2. 无保护措施的性行为有感染艾滋病毒的风险。
3. 艾滋病病毒可以从母体传给胎儿。
4. 与艾滋病患者一起工作或娱乐可能会被感染。
5. 人们可能会因为蚊虫叮咬而感染艾滋病病毒。
6. 人们可能会因为与艾滋病感染者一起用餐而感染艾滋病病毒。
7. 共用公共厕所有可能会感染艾滋病病毒。
8. 同时有多个性伴侣可能会增加感染艾滋病病毒的风险。
9. 共用注射器可能感染艾滋病病毒。
10. 共用牙刷和剃须刀可能会感染艾滋病病毒。
11. 与艾滋病感染者握手、拥抱可能会被感染。
12. 服用抗艾滋病药物可以避免感染艾滋病病毒。
13. 发生性行为时正确使用安全套可以降低感染艾滋病病毒的风险。
14. 一个看起来很健康的人可能是艾滋病携带者。
15. 艾滋病患者和艾滋病病毒携带者之间没有区别。

结果说明：

1、2、3、8、9、10、13、14正确，4、5、6、7、11、12、15错误。

资源共享

图书推荐：《青春期那些事儿——青春期性教育读本》

本书从身体与青春期、防范性与性别暴力、爱情、社会性别、亲密关系等方面全面解答孩子在青春期可能遇到的性发育相关问题，帮助青少年自主、健康、负责任地成长，热爱青春，热爱人生！无论孩子是否处于青春期，每个家庭都值得拥有一本！

电影推荐：《两性奥秘》(*Secrets of the Sexes*)

本部纪录片以真人现实中生活进行科学测试，讲述男性与女性之间性的奥秘，揭秘两性之间令人吃惊的真正区别。共分为第一集《脑性别》、第二集《吸引力》和第三集《爱》三个部分，分别从男女大脑构造的不同、异性相吸的大脑秘密和人类大脑中的爱情生产线三个方面来讲述两性之间的奥秘。

参考文献

中英文图书：

1. 罗伯特·J·斯腾伯格. 爱情心理学[M]. 北京：世界图书出版公司，2010.

2. 罗兰·米勒. 亲密关系(第6版,精装)[M]. 北京：人民邮电出版社，2015.

3. 霍妮，花火. 爱情心理学[M]. 苏州：古吴轩出版社，2016.

4. 苏珊·亨德里克. 因为爱情:成长中的亲密关系[M]. 北京：世界图书出版公司，2014.

5. 萨提亚. 萨提亚家庭治疗模式[M]. 北京：世界图书出版公司北京公司，2007.

6. 约翰·戈特曼.爱的沟通：写给男士的科学恋爱指南[M]. 杭州：浙江人民出版社. 2018.

7. 查普曼. 王云良,译. 爱的五种语言:创造完美的两性沟通[M]. 北京：中国轻工业出版社，2006.

8. 帕萃丝·埃文斯，伊文斯. 不要用爱控制我[M]. 北京：中华工商联合出版社，2013.

9. 斯科特·派克.少有人走的路[M]. 长春：吉林文史出版社出版.2007.

10. 珍妮·西格尔.感受爱：在亲密关系中获得幸福的艺术[M]. 北京：机械工业出版社.2018.

11. 弗洛姆. 爱的艺术[M]. 上海：上海译文出版社.2008.

12. 原田玲仁. 郭勇,译. 每天懂一点恋爱心理学[M]. 西安：陕西师范大学出版社.2010.

13. 罗伯特·J·斯腾伯格，凯琳·斯腾伯格. 爱情心理学(最新版)[M]. 北京：世界图书出版公司.2010.

14. 艾恩·史都华，凡恩·琼斯. 人际沟通分析练习法[M]. 台北：张老师文化事业出版社.1999.

15. 艾恩·斯图尔特,凡恩·琼斯.今日 TA：人际沟通分析新论[M]. 北京：世界图书出版社.2017.

16. 杨眉，托马斯·欧嘉瑞. 人际沟通分析学[M]. 北京：中国人民大学出版社.2013.

17. 艾瑞克·伯恩. 人间游戏：人际关系心理学[M]. 北京：中国轻工业出版社.2014.

18. 欧嘉瑞，安妮卡，罗南. 人际沟通分析：TA 治疗的理论与实务[M]. 成都：四川大学出版社.2006.

19. 哈里斯. 沟通分析的理论与实务:改善我们的人际关系[M]. 北京：中国轻工业出版社.2013.

20. 谢尔·希尔弗斯坦文·图. 失落的一角遇见大圆满[M]. 北京：北京联合出版有限责任公司.2018.

21. 布莱克曼. 心灵的面具:101 种心理防御[M]. 上海：华东师范大学出版社.2011.

22. 王向贤. 亲密关系中的暴力：以 1015 名大学生调查为例[M]. 天津：天津人民出版社，2009.
23. 马歇尔·卢森堡. 阮胤华，译. 非暴力沟通[M]. 北京：华夏出版社.2009.
24. 兰德尔·柯林斯著. 刘冉，译. 暴力：一种微观社会学理论[M]. 北京：北京大学出版社.2016.
25. 方刚. 青春期那些事儿[M]. 北京：中国劳动社会保障出版社.2019.
26. 苏·约翰逊. 依恋与亲密关系——伴侣沟通的七种 EFT 对话[M]. 北京：人民邮电出版社.2018.
27. Bowlby J . Attachment and loss[M]. Basic Books，Vol.1. Attachment..Pimlico，1973.
28. In M. A. Fine & J. H. Harvey(Eds.).*Handbook of divorce and relationship dissolution*[M](pp. 223-240). Mahwah，NJ：Lawrence Erlbaum Associates，Inc.2017.
29. Rollie，S. S.，& Duck，S. W.(2006). Divorce and dissolution of romantic relationships：Stage models and their limitations.

论文及其他：

1. 张国光，燕良轼，吴蕹君，等.人际吸引量表测量媒介人物吸引力的信效度检验[J].中国临床心理学杂志，2020，28(1)：20-23+28.
2. 周青.人际吸引理论在大学生人际交往中的应用[J].浙江纺织服装职业技术学院学报，2006(2)：90-92.
3. 吴林江. 人际吸引与大学生人际关系[J]. 教育教学论坛，2012，000(37)：187-189.
4. 韦铁. 增强大学生人际吸引力的对策[J]. 镇江高专学报，2005(3)：77-79.
5. 李洛克，周亦唐. 论大学生良好人际关系的形成[J]. 沈阳建筑大学学报(社会科学版)，2008.
6. 李同归，加藤和生. 成人依恋的测量：亲密关系经历量表(ECR)中文版[J]. 心理学报，2006，38(3)：399-406.
7. 蔡敏夫，席丙尧，邵文博. 大学生恋爱观存在问题与教育对策[J]. 辽宁工业大学学报(社会科学版)，2017(3).
8. 曹曼倩. 大学生恋爱心理问题分析与对策研究[J]. 科教文汇(上旬刊)，2019(12).
9. 杨梦涵，陆润豪. 大学生自尊与亲密关系：关系信念的中介作用[J]. 心理技术与应用，2020，008(1)：25-32.
10. 付阳，周媛，梁竹苑，等. 爱情的神经生理机制[J]. 科学通报，2012，57(35)：3376-3383.
11. 谭旭运，屈青青. 爱情心理学的四大理论建构集成——兼评《爱情心理学(最新版)》[J]. 心理研究，2016，9(2)：92-96.
12. 王琳琳. “三维理论”视域下构建大学生良好的人际关系路径研究[J]. 才智，2018(1).
13. 苏普玉，郝加虎，黄朝辉，等. 2575 名在校大学生亲密伴侣暴力现况研究[J]. 中华流行病学杂志，2011，32(4)：346-351.
14. 王云龙，彭涛. 大学生亲密关系暴力的相关研究评述[J]. 中国性科学(2 期)：153-155.

15. 张延华. 大学生同性恋现象与高校心理健康教育[J]. 湖南医科大学学报：社会科学版，2008,0(5)，151-152.

16. 吕娜. 大学生对双性恋态度量表的构建及态度调查[J]. 中国性科学，2013，22(7)：101-105.

17. 武琳悦，于慧如. 无性恋研究的历史与现状——对 2004—2015 年 28 篇中英文学术文献的再分析[J]. 中国性科学，2017(10).

18. 李苓. 依恋理论在异地恋人群中的应用[J]. 社会心理科学，2007(Z3)：170-174.

19. 王金婷. 异地恋：爱的能力，恋的关系[J]. 检察风云，2016(17).

20. 代显华. 大学生网恋及其问题研究[J]. 重庆大学学报(社会科学版)，2002，8(3)：121-123+126.

21. 赵德旭.大学生网恋现象心理分析[J]. 山西高等学校社会科学学报，2005,017(2)，85-87.

22. 米国栋，吴尊友. 男性卖淫者与艾滋病[J]. 中国艾滋病性病，2003，9(4)：252-253.

23. 王雪蕊. 道德净化效应对人际吸引力的影响[D]. 吉林大学.

24. 钟歆. 依恋回避者安全依恋的形成条件及干预研究[D]. 2017.

25. 郭爱丽. 大学生成人依恋，自我表露和亲密关系满意度的关系研究[D]. 2016.

26. Ainsworth Mary S. Attachments beyond infancy[J]. American Psychologist，1989.

27. Makepeace J M.Courtship violence among college students[J]. Family Relations，1981，30(1)：97-102.

28. Battaglia D M，Richard F D，Datteri D L，et al. Breaking up is (relatively) easy to do：A script for the dissolution of close relationships[J]. *Journal of Social and Personal Relationships，1998*，15(6)：829-845.

29. Brumbaugh，C. C. ，& Fraley，R. C. . Too fast，too soon? an empirical investigation into rebound relationships[J]. *Journal of Social & Personal Relationships* ，2015，32(1)，99-118.

30. Bullock，M. ，Hackathorn，J. ，Clark，E. M. ，& Mattingly，B. A. . Can we be (and stay) friends? remaining friends after dissolution of a romantic relationship[J]. *Journal of Social Psychology* ，2011，151(5)，662-666.

31. Dailey R M，McCracken A A，Jin B，et al. Negotiating breakups and renewals：types of on-again/off-again dating relationships[J]. *Western Journal of Communication* ，2013，77(4)，382-410.

32. Halpern-Meekin S，Manning W D，Giordano P C，et al. Relationship churning in emerging adulthood：On/off relationships and sex with an ex[J]. J*ournal of Adolescent Research* ，2013，28(2)：166-188.

33. Marshall T C ，Bejanyan K ，Ferenczi N . Attachment Styles and Personal Growth following Romantic Breakups：The Mediating Roles of Distress，Rumination，and Tendency to Rebound[J]. Plos One，2013，8(9)：e75161.

34. Sbarra D A ，Emery R E . The emotional sequelae of nonmarital relationship dissolution：

Analysis of change and intraindividual variability over time[J]. Personal Relationships, 2015, 12(2): 213-232.

35. Tashiro T , Frazier P . "I'll never be in a relationship like that again": Personal growth following romantic relationship breakups[J]. Personal Relationships, 2003, 10(1): 113-128.

36. Maguire K C , Kinney T A . When Distance is Problematic: Communication, Coping, and Relational Satisfaction in Female College Students' Long-Distance Dating Relationships [J]. *Journal of Applied Communication Research, 2010*, 38(1): 27-46.

37. Buss D M. Sexual strategies theory: Historical origins and current status[J]. Journal of Sex Research, 1998, 35(1): 19-31.

38. Eagly A H, Wood W. The origins of sex differences in human behavior: Evolved dispositions versus social roles[J]. *American* psychologist, 1999, 54(6): 408-423.

39. Garcia J R, Reiber C, Massey S G, et al. Sexual hookup culture: A review[J]. *Review of General Psychology* , 2012, 16(2): 161-176.

40. Li G , Jiang Y , Zhang L . HIV upsurge in China's students[J]. ence, 2019, 364(6442): 711-711.

41. Meston C M, Buss D M. Why humans have sex[J]. *Archives of sexual behavi*or, 2007, 36 (4): 477-507.

42. Olmstead S B, AndersK M, Conrad K A. Meanings for sex and commitment among first semester college men and women: A mixed-methods analysis [J]. Archives of sexual behavior, 2017, 46(6): 1831-1842.

43. Petersen J L, Hyde J S. A meta-analytic review of research on gender differences in sexuality, 1993-2007[J]. Psychological bulletin, 2010, 136(1): 21-38.

44. Uecker JE, Pearce L D, Andercheck B. The Four U's: Latent Classes of HookupMotivations among College Students[J]. Social Currents, 2015, 2(2): 163.

45. Vrangalova Z. Does casual sex harm college students' well-being? A longitudinal investigation of the role of motivation[J]. Archives of Sexual Behavior, 2015, 44(4): 945-959.

后　记

书已至此，不知道您有何感想？有何收获？我特别希望、期待您能这样说：看过此书，我不仅收获了关于爱情的一些知识，更收获了人格成长的力量！

爱、亲密关系在我们的生命中不可或缺，甚至让我们孜孜以求。它能滋养我们，让贫乏的心灵成为沃土；它能照亮我们，像黑夜里的一束光，穿透漫无边际的痛苦和恐惧；它能赋予我们力量，突破观念束缚，享受爱的美好；它能唤醒我们，当迷失在爱情之中，迷失自我之时；它能托起我们，在深陷情感旋涡之时……

这不是一本简单的情感教科书。根据爱情发展的脉络，某一个阶段的特点、需要注意的问题以及如何改善，几位专业心理学教师给出了循循善诱的提醒。

我们见到过因为失恋而痛不欲生的学生，见到过因为想要改变对方而不惜实施暴力的学生，见到过因为异地而选择放手的学生，见到过因自己为少数人，而难于启齿的学生，还见到过因为意外怀孕而选择轻生的学生……每一个案例、每一次帮扶都让我铭记于心，这些痛苦的经历能否少出现，或者不出现？生命的短暂，让我们不愿去承受太多痛苦和挫折，能尽情享受爱、享受亲密该有多好！

本书第一章由张平撰写，第二、三、四章由涂翠平、张兰鸽撰写，第五、六、七章由王培、杜玉春撰写，第八、九章由潘敏撰写，第十章由刘杨撰写，我们兢兢业业地工作，阅读相关书籍、文献，在寻找适合学习的课外材料上花工夫、费心血，将工作中的案例收集起来，通过大量案例的结合，编写出一个个小故事，呈现给大家。请不要对号入座，如有雷同，纯属巧合。我担任本书的主编，负责全书的策划、内容、统稿等。我深知，此书还需要不断完善。

最后，要感谢清华大学出版社，让这本书呈现在你我面前。它的可读性、趣味性都很强，带给我们专注、宁静的体验。它的内容和立意远远超过了恋爱本身，关注个体成长，拓展自我意识，让个体能够更自主地生活。让爱不是碍，让爱成为人生最优体验，在你我心中流淌。

张平

于北京邮电大学学生发展中心